ESCOLAS SECRETAS DA
MAÇONARIA
e seus Mistérios

ESCOLAS SECRETAS DA
MAÇONARIA
e seus Mistérios

―――――― C. W. Leadbeater ――――――

© Publicado em 2017 pela Editora Isis.

Revisão de textos: Rosemarie Giudilli
Tradução de: Maria Villarreal
Capa: Equipe técnica Isis
Diagramação: Décio Lopes

Dados de Catalogação da Publicação

Leadbeater, C. W.

Escolas secretas da maçonaria e seus mistérios / C. W. Leadbeater | 1ª edição | São Paulo, SP | Editora Isis, 2017.

ISBN: 978-85-8189-100-2

1. Maçonaria 2. Sociedades Secretas I. Título.

Proibida a reprodução total ou parcial desta obra, de qualquer forma ou por qualquer meio seja eletrônico ou mecânico, inclusive por meio de processos xerográficos, incluindo ainda o uso da internet sem a permissão expressa da Editora Isis, na pessoa de seu editor (Lei nº 9.610, de 19.02.1998).

Direitos exclusivos reservados para Editora Isis.

EDITORA ISIS LTDA
www.editoraisis.com.br
contato@editoraisis.com.br

Sumário

Prefácio 9
I. Escolas de Pensamento Maçônico 13
   As Origens da Maçonaria 13
   A Escola Autêntica 15
   A Escola Antropológica 18
   A Escola Mística 20
   A Escola Oculta 22
   O Conhecimento do Ocultista 24
   Os arquivos Ocultos 26
   O Poder Sacramental 31
   A Forma e a Vida 35
II. Os Mistérios Egípcios 41
   A Mensagem do Mestre do Mundo 41
   Os Deuses do Egito 48
   Ísis e Osíris 48
   Deidades Animais 49
   O Embalsamamento 50
   Outras Deidades 51

Os Irmãos de Hórus 52
A Consagração 56
O Propósito dos Mistérios 59
Os Graus dos Mistérios 64
Os Mistérios de Ísis 64
As Provas Preliminares 67
A Linguagem dos Mistérios 71
A Dualidade de Cada Grau 73
Os Mistérios Internos de Ísis 74
Os Mistérios de Serapis 76
O Grau Oculto de Serapis 77
Os Mistérios de Osíris 78
A Lenda de Osíris 80
Os Mistérios Internos de Osíris 87
Os Graus Superiores dos Mistérios 89
Maçonaria Vermelha nos Mistérios 89
Maçonaria Negra nos Mistérios 93
Maçonaria Branca nos Mistérios 96
A oportunidade apenas a alguns tantos 100
As Etapas da Senda Oculta 100
As Primeiras Três Iniciações 102
A Quarta Iniciação 103
A Quinta Iniciação e a Superação 106

III. Os Mistérios Cretenses 109
A Unidade dos Mistérios 109
A Vida na Antiga Creta 110
A Raça Cretense 114

  Recentes Descobertas em Creta *115*
  O Culto em Creta *119*
  O Salão do Trono *121*
  As Três Colunas *123*
  Modelos de Capelas *128*
  Os Objetos do Altar *128*
  As Estatuetas *130*
IV. Os Mistérios Judeus 131
  A Linha de Descendência Judia *131*
  As Migrações Judias *132*
  Os Profetas *135*
  Os Construtores Do Templo Do Rei Salomão *136*
  A Adaptação dos Rituais *139*
  A Transmissão Dos Novos Ritos *146*
  Os Essênios e o Cristo *148*
  Cabalismo *149*
  A Espiritualização do Templo *152*
  A Perda Do Divino Nome *154*
V. Os Mistérios Gregos 159
  Os Mistérios de Elêusis *159*
  A Origem Dos Mistérios Gregos *161*
  Os deuses da Grécia *164*
  Os Oficiais *170*

Prefácio

Quando escrevi há alguns meses acerca de *A razão de ser da maçonaria (A vida Oculta da maçonaria)*, minha primeira intenção foi dedicar uma segunda parte a um *Breve Bosquejo da História da Maçonaria*, mas logo me convenci de que meu plano resultaria impraticável, o que a história mais compreendia e que pudesse ser de algum benefício ocuparia mais espaço do que disponho e além de que o livro se sobrecarregaria totalmente com o que, depois de tudo, represente apenas uma parte do tema. Por esse motivo, fiz separadamente um esboço histórico e por outro lado este livro, que é um complemento dos dois anteriores.

A tônica dessas obras e sua única razão para publicá-las é explicar precisamente o que o livro indica: "A razão de ser da Maçonaria" quer dizer, a poderosa força sempre operante a fundo e não obstante, sempre oculta à vista, que guiou a transmissão da tradição maçônica através de todas as vicissitudes de sua tormentosa história e que ainda inspira o máximo entusiasmo e devoção entre os membros da Maçonaria desta época.

A existência e o labor do Chefe de todos os Verdadeiros Maçons são razões suficientes para demonstrar a virilidade e o poderio dessa maravilhosa Organização.

Ao entendermos sua relação com ela e o que Ele deseja fazer dela, entenderemos que ela encarna um dos mais brilhantes projetos que tenham sido imaginados para a ajuda do mundo e para a distribuição da força espiritual.

Muitos dos nossos Irmãos estudaram por muitos anos, participando inconscientemente desse magnífico trabalho de altruísmo.

Se pudesse fazer que compreendessem o que é que estão fazendo e o por quê de continuarem a fazer, por sua vez, esse grandioso labor com maior prazer e mais inteligentemente, inundando tal labor com toda a força de sua natureza, tanto do seu corpo quanto de seu espírito e gozando do fruto de suas afinidades com muito maior clareza do que nunca. Quisera repetir, em relação a esse livro, meus cordiais agradecimentos que já expressei no livro anterior, a todas as pessoas que me ajudaram e entre elas o Reverendo Herbrand Williams, por sua gentileza ao pôr à minha disposição seus vastos conhecimentos e sua erudição maçônica e pelos muitos meses de árdua, paciente e afanosa investigação.

A produção dessa obra tornou-se possível devido a quem, a todas e a cada uma das suas seções – meu cordial agradecimento – contei com a incansável ajuda e cooperação do Professor Ernest E. Wood.

C. W. Leadbeater.

Capítulo I

Escolas de Pensamento Maçônico

Uma história completa da Franco-Maçonaria seria uma empresa tão colossal, que necessitaria de um conhecimento enciclopédico e muitos anos de investigação.

Não tenho a pretensão de possuir as qualidades e a erudição necessárias para produzir uma obra assim. Tudo o que espero é clarear um pouco alguns dos pontos obscuros da uma história e colocar pontes, até onde seja possível, sobre algumas das lacunas mais óbvias que há entre os capítulos dela e que já são bem conhecidas.

As Origens da Maçonaria

As origens reais da Franco-Maçonaria perdem-se nas neblinas da antiguidade.

Os escritores maçônicos do Século XVIII especularam indiscriminadamente sobre sua história, baseando seus pontos de vista na crença literal da história e cronologia do Antigo Testamento, assim também nas curiosas lendas da Ordem que têm sido transmitidas desde os tempos operantes nos *Cargos Antigos*.

Assim, o doutor Anderson, com toda seriedade, expressou no seu primeiro *"Livro das Constituições"* que: *"Adão, nosso primeiro pai, criado à imagem de Deus, o Grande Arquiteto do Universo, há de ter mantido escrito em seu coração as Ciências Liberais, em especial a Geometria"*, enquanto que outros, com menos fantasia, atribuíram sua origem a Abrão, Moisés ou Salomão.

O doutor Oliver, que escreveu nos princípios do século XIX, sustentou que a Maçonaria do jeito que a conhecemos hoje, é a única relíquia da fé dos Patriarcas antes do Dilúvio, enquanto que a tradição dos antigos Mistérios do Egito e de outros países, tantos países que se lhe parecem, não eram mais do que corrupções humanas da única, primitiva e pura tradição.

Quando o conhecimento científico e histórico progredia noutros campos da investigação, especialmente no estudo das Escrituras, gradualmente se aplicaram também métodos lógicos no estudo da Maçonaria, pelo que hoje existe um vasto corpo de informação da história da Ordem, bastante exato e muito interessante.

Em consequência disso e de outras linhas de investigação, existem quatro principais tendências do pensamento maçônico, que de modo algum ficam necessariamente definidas ou organizadas como Escolas, senão agrupadas, de acordo com sua relação, a quatro importantes ramos do conhecimento que focam em princípio fora do campo maçônico.

Cada uma delas tem sua relação característica com a Franco-Maçonaria, cada uma tem seus cânones de interpretação dos símbolos e cerimônias maçônicas, ainda que seja claro que muitos escritores modernos sejam influenciados por mais de uma escola.

A Escola Autêntica

Consideraremos primeiramente a Escola denominada autêntica, que surgiu durante a última metade do Século XIX em resposta ao crescimento do conhecimento crítico em outros campos.

As antigas tradições da Maçonaria foram examinadas minuciosamente à luz de documentos autênticos ao alcance do historiador. Levou-se a cabo uma vasta investigação nas atas das Lojas documentos de todas as classes relacionados com a Maçonaria Antiga e Moderna, arquivos de municipalidades e cantões, atas legais e judiciais, de fato, todos os documentos escritos encontrados foram consultados e classificados.

Nesse campo, todos os maçons têm uma dúvida imensa com R. F. Gold, o grande historiador maçônico, W. J. Hugham, G. W. Speth, David Murray Lyon, o historiador da maçonaria escocesa, Dr, Chetwo de Crawley, cujo trabalho sobre a antiga maçonaria irlandesa é, a seu modo, clássico e outros do Círculo Interno da famosa Loja *Quattour Coronati* N®. 2076, cujas fascinantes atas representam uma mina preciosa de tradição histórica e arqueológica.

Grandes nomes da Alemanha são: J. F. Findel, o historiador e o doutor Wilhem Bergemann, que fez as investigações mais cuidadosas e detalhadas nos Antigos Cargos da maçonaria operativa.

Grande quantidade de material, que será de valor permanente para os estudantes da nossa arte, deve-se aos trabalhos eruditos da Escola Autêntica.

Mas, essa Escola tem limitações que são resultantes do seu próprio método de trabalho. Numa sociedade tão secreta como a Maçonaria, deve existir muito material que nunca foi publicado, mas que foi transmitido oralmente nas Lojas.

Pelo que respeita aos documentos escritos da maçonaria especulativa, são muito pouco anteriores ao ressurgimento de 1717, enquanto que as atas mais antigas de uma Loja Operativa são do ano de 1598.[1] Portanto, a tendência dessa escola é derivar a maçonaria dos grêmios e lojas operativas da Idade Média e supor que os elementos especulativos foram impostos em data posterior aos da organização operativa, já que

---

1 Lyon MURRAY, *História da Loja de Edimburgo*, pág.9.

os documentos existentes não contradizem de modo algum essa hipótese. O H. R. F. Gold afirma que podemos considerar que o simbolismo (ou cerimonial) da Maçonaria é anterior a 1717, que praticamente não há limite de antiguidade que possamos registrar[2], mas muitos outros escritores não remontam essa para a origem de nossos mistérios, mais além da dos construtores medievais.

Há uma tendência nessa Escola, também muito natural, quando se sustenta semelhante teoria a respeito da origem, a negar a validade dos Altos Graus e declarar, de acordo com a Ata Solene de União entre as duas Grandes Lojas dos Franco-Maçons da Inglaterra, em dezembro de 1813, que a "Antiga Maçonaria pura consiste em três grandes divisões ou graus que são: Aprendiz, Companheiro e Mestre-Maçon, incluindo a Ordem Suprema do Sagrado Real Arco.[3] Todos os outros graus e ritos são considerados pelos mais rígidos adeptos dessa Escola como inovações da América e, portanto, são considerados tal qual maçonaria espúria.

No que respeita à interpretação, os autênticos aventuraram-se um pouco mais além de uma moralização sobre os símbolos e cerimônias da Maçonaria, como uma cópia da Igreja Cristã Anglicana.

---

2 R. F. GOULD, *Breve História da Francomaçonaria*, pág.55.
3 *O Livro das Constituições*, 1884, pág.16

A Escola Antropológica

Uma segunda Escola que ainda está em desenvolvimento tem aplicado os descobrimentos da Antropologia ao estudo da história maçônica, com resultados surpreendentes. Grande gama de informações sobre os costumes religiosos iniciáticos de muitos povos antigos e modernos foi colecionada pelos antropólogos.

Estudantes maçônicos neste campo encontraram muitos dos nossos símbolos e signos (da maçonaria azul e dos altos graus), nas pinturas murais, nos talhados, nas esculturas e edifícios das principais raças do mundo.

A escola antropológica, portanto, confere mais antiguidade à Maçonaria do que lhe pode conceder a escola autêntica e encontra analogias surpreendentes com os Mistérios antigos de muitas nações que, como claramente se vê, possuíam muitos símbolos e signos e muito provavelmente cerimônias análogas às que se praticam atualmente nas lojas maçônicas.

Não se limitaram os antropólogos a estudar o passado, senão que investigaram os ritos de iniciação de muitas tribos selvagens que ainda existem na África e na Austrália e constataram que possuem signos e posições que ainda são usados entre os maçons.

Eles encontraram, igualmente, analogias surpreendentes com nossos ritos maçônicos, entre os habitantes da Índia e da Síria, entretecidos com sua filosofia religiosa, de tal modo que resulta absurda a ideia de que foram copiados de fontes europeias.

Os eruditos maçônicos terminaram com fatos que nesse interessante campo de investigação podem ser descobertos, mas ainda com o conhecimento que temos, está claro que os ritos análogos aos que chamamos maçônicos são dos mais antigos da Terra e se encontram, de um modo ou de outro, em quase todas as partes do mundo.

Nossos signos existem no Egito e no México, na China e na Índia, na Grécia e em Roma, nos templos da Birmânia e nas catedrais da Europa Medieval e dizem que há santuários no Sul da Índia onde se ensinam, sob um juramento, os mesmos segredos que os que se nos comunicam os graus simbólicos e superiores na Europa e na América modernas.

Entre os primeiros investigadores nessa área, podemos mencionar os nomes de H. Albert Churchward, autor de vários livros interessantes acerca da origem egípcia da maçonaria, ainda que, às vezes, possa não ser suficientemente profundo; H. J. S. M. Ward, autor de *"A Franco Maçonaria e os Antigos Deuses"*, *"Quem foi Hiram Abiff?"* e demais estudiosos que veem na Síria e no Líbano a origem da Maconaria e que, por sua vez, colecionaram muito material relativo aos ritos Maçônicos entre os árabes.

Uma revelação clara da imensa antiguidade e difusão do que agora chamamos de simbolismo maçônico deve-se ao trabalho da escola antropológica. Mas sua tendência é a de encontrar a origem dos antigos Mistérios que os costumes iniciáticos de tribos selvagens, as quais (pode admitir-se) são de uma antiguidade incalculável, mas geralmente não são nem espirituais nem dignos.

Outro importante trabalho que se deve a essa escola é a justificação de muitos dos altos graus, considerados *"Antiga Maçonaria pura"* porque, apesar da decisão da Grande Loja da Inglaterra, há demasiada evidência da extrema antiguidade dos signos e símbolos da Rosa-Cruz, da Maçonaria Simbólica, assim também do Real Arco; o mesmo se pode dizer dos signos de muitos outros graus.

As investigações dos antropólogos puseram a claro que quaisquer que sejam os elos precisos da cadeia de descendência, os Maçons somos os herdeiros de uma tradição muito antiga que por eras incontáveis esteve associada com os mais sagrados mistérios de devoção religiosa.

A Escola Mística

Uma terceira escola de pensamento maçônico, que bem podemos chamar Mística, adentra os mistérios da Ordem a partir de outro ângulo, visando ao despertar espiritual do homem e seu desenvolvimento interno.

Os pensadores dessa escola, baseando-se em sua própria experiência espiritual, declaram que os graus da Ordem são simbólicos de certos estados de consciência que se podem despertar no iniciado, se aspira a ganhar os tesouros do espírito; eles dão testemunho de outra muito mais elevada natureza acerca da validade de nossos ritos maçônicos, um testemunho que mais pertence à religião do que à ciência.

A meta do místico é a união consciente com Deus para um maçon dessa Escola; a maçonaria serve para delinear uma senda até essa meta, para oferecer um mapa, por assim dizer, para levar nossos passos para Deus.

Os místicos estão, frequentemente, mais interessados na interpretação do que na investigação histórica. Não buscam, fundamentalmente, uma linha exata de descendência que arranque do passado senão antes viver a vida indicada pelos símbolos da Ordem, para obterem a realidade espiritual de que esses símbolos são as sombras. Mas sustentam que a Maçonaria está, pelo menos, relacionada com os Antigos Mistérios que tinham precisamente o mesmo propósito: *"o de oferecer ao homem uma senda pela qual possa encontrar a Deus"* e lamentam que os Irmãos modernos tenham se esquecido de tal modo a glória de sua herança maçônica, que permitiu que os antigos ricos se convertessem em pouco menos do que formas vãs.

Um representante bem conhecido dessa escola é H. A. E. Waite, um dos melhores pensadores maçônicos desses tempos e uma autoridade na história dos altos graus.

Outro importante expoente é H. W. I. Wilmshurst que deu interpretações belíssimas e profundamente espirituais de simbolismo maçônico.

Essa escola está fazendo muito para espiritualizar a maçonaria masculina e um dos indícios de sua influência é a profunda reverência pelos nossos mistérios que se faz mais e mais tangível.

A Escola Oculta

A quarta Escola de pensadores está representada por um corpo sempre simpatizante dentro da maçonaria masculina. Posto que seu princípio distintivo e principal na eficácia do sacramento da cerimônia maçônica, quando se trabalha devida e legalmente, pode ser denominado Escola sacramental ou oculta.

A palavra ocultismo tem sido muito mal compreendida, podendo ser assim definida: o estudo dos poderes que existem em todos os homens, mas que estão ainda adormecidos na maioria, poderes que podem despertar-se e educar-se no estudante do Ocultismo, por meio de disciplina e longas e cuidadosas meditações.

A meta do ocultista, não em menor grau do que a do místico é a união com Deus, mas os métodos para alcançá-la são diferentes.

O propósito do ocultista é obter essa união por meio do conhecimento e da vontade e educar toda sua natureza: física, emocional e mental, até que se torne numa expressão perfeita do espírito divino que reside dentro e possa ser usada como um instrumento eficaz no grande Plano que Deus elaborou para a evolução da humanidade e que, na Maçonaria, é simbolizado pela construção do Templo.

O místico, por outro lado, aspira bem mais à união estática com o nível de consciência divina que seu estado de evolução permita alcançar.

A senda do ocultista segue uma série graduada de escalões, um caminho de Iniciações que confere expansões sucessivas de consciência e graus de poder sacramental, enquanto que a do místico tem, no geral, caráter mais individualista. *"Um voo do solitário para o Solitário"*, como expressou Plotino tão formosamente.

Para o ocultista, a observância exata de uma forma é de grande importância, e por meio da magia cerimonial cria um veículo que leva à luz divina e que, por sua vez, irá derramá-la aos anjos, aos espíritos da Natureza e a outros habitantes dos mundos invisíveis.

O método do místico é de pregações e orações; não lhe importam as formas e ainda que por sua união ele também seja um canal da Vida Divina, parece que perde a enorme vantagem do esforço coletivo feito pelo ocultista, que tanto impulso recebe com a ajuda dos Seres Elevados cuja presença invoca. Ambas as sendas levam a Deus: a primeira chamará irresistivelmente a alguns de nós; a outros, a segunda; isso se deve em grande parte ao Raio a que pertencemos. Uma se exterioriza a serviço e sacrifício; a outra se interioriza em contemplação e amor.

O Conhecimento do Ocultista

O estudante de ocultismo, portanto, aprende a despertar e educar para uso científico os poderes que internamente têm latentes e que por meio deles lhe é possível ver muito mais do verdadeiro significado da vida que o homem de visão limitada pelos sentidos físicos não pode ver. Aprende que cada homem é, em sua essência, divino, verdadeira chispa da fogueira de Deus, evoluindo por graus até um futuro de glória e esplendor, que culmina na união com Deus; que seu método de progresso é encarnar sucessivamente em corpos humanos para adquirir experiência e retirar-se a mundos ou planos que são invisíveis aos olhos físicos.

Encontra-se que esse progresso é governado por uma lei de justiça eterna, que rende a cada homem o fruto do que semeia; júbilo pelo bem e sofrimento pelo mal. Também aprende que o mundo é governado por vontade do Altíssimo, por uma Irmandade de Adeptos que obtiveram a graça divina, mas que permanecem na Terra para guiar a humanidade; que todas as grandes religiões do mundo foram fundadas por Eles, de acordo com as necessidades das raças para as quais se idealizaram, e que dentro dessas religiões tem havido escolas dos Mistérios para oferecer àqueles que estejam prontos um caminho mais rápido de desenvolvimento, com mais conhecimento e oportunidades de serviço; que esse caminho é dividido em escalas e graus; a senda probatória (ou os Mistérios Menores), onde se preparam os candidatos para o discipulado e para o Caminho propriamente dito, quer dizer, os grandes Mistérios, nos quais lhes são conferidas cinco grandes iniciações que conduzem o discípulo da vida terrena à vida do adepto de Deus, para, como se diz, converter-se numa *"chama vivente para a iluminação do Mundo"*. A ele é ensinado que Deus, tanto no Universo quanto no Homem, mostra-se Ele mesmo, como uma Trindade de Sabedoria, Força e Beleza e que esses três aspectos representam-se na Grande Loja Branca, nas pessoas dos três principais Oficiais através dos quais desce aos homens o Grande Poder de Deus.

Os arquivos Ocultos

Teremos de ver que esse conhecimento oculto não depende do estudo de livros e arquivos em maior medida do que as experiências dos místicos, ambos os procedimentos pertencem a um plano superior de consciência, cuja existência não pode ser satisfatoriamente demonstrada no plano físico.

Entretanto, o estudante dos arquivos do plano físico do passado tem valor na confirmação das investigações históricas, do ocultista experimentado que possa ler, com menos frequência, os chamados registros "*akásicos*" e desse modo adquirir um exato conhecimento do passado.

Esse tema é tão pouco compreendido que talvez seja útil citar nesse ponto, textualmente, uma passagem do livro intitulado "*Clarividência*" de minha autoria.

No plano mental, os registros têm dois aspectos notoriamente diferentes. Primeiro, quando o visitante desse plano não está em especial pensando neles de modo algum, esses registros foram simplesmente um fundo para o que está sucedendo, como o reflexo de um espelho de parede ao extremo de uma casa pudesse formar um fundo para a vida das pessoas que vivem nessa casa.

Deve-se sempre considerar que sob essas condições os registros são, na realidade, somente meros reflexos que partem da incessante atividade de uma grande Consciência sob um plano muito mais alto. Mas, se o investigador experto dedica sua atenção especialmente a um só ponto, ou deseja tê-la diante de si, uma extraordinária mudança opera-se de imediato, pois intervém no plano do pensamento, e, pensar em alguma coisa significa concretizá-la, trazê-la para o plano real.

Por exemplo, se uma pessoa tem a vontade de ver o registro do desembarque de Júlio César na Inglaterra, encontra-se pessoalmente no momento de pé sobre a praia, misturado entre os legionários, com toda a cena *"em ação"* ao seu redor, precisamente em cada um dos aspectos em que ele teria contemplado como se estivera em carne e osso nessa manhã outonal do ano de 55 a. C. Tudo o que ele contempla é apenas um reflexo, uma vez que os atores daquele feito histórico não têm consciência de que um estranho está junto a eles, nem tampouco que pode, por mais que deseje modificar a rota ou o curso daquela ação num mínimo grau, considerando unicamente que esse investigador pode controlar a velocidade em que o drama passa perante os seus olhos.

Ele pode fazer que no espaço de uma hora os eventos de todo um ano se apresentem e pode, em qualquer momento, deter totalmente o movimento e sustentar uma cena particular da película como se fosse uma fotografia, para admirá-la tanto tempo quanto o deseje. Na verdade, observa não apenas aquela que desejaria ter visto, ter estado ali, encarnado nessa hora, mas muito mais.

Ouve e entende tudo o que dizem e além do mais está consciente de todos os seus mais íntimos movimentos e pensamentos, e, a mais interessante das muitas possibilidades que se abrem ante o investigador que aprendeu a ler os registros é o estudo do pensamento de épocas muito pretéritas, o pensamento do homem das cavernas e o habitante dos lagos, assim também o pensamento que guiava as civilizações poderosas da Atlântida, do Egito ou da Caldeia.

É muito fácil imaginar as brilhantes possibilidades que se abrem ante o homem que está em completa posse desse poder, uma vez que tem diante de si um campo de investigação histórica dos mais interessantes. Não só pode repassar toda a história com que estamos familiarizados, corrigindo, à medida que ele a examina, os erros e os conceitos equivocados que foram arrastados e que chegaram até nós, e, ainda pode contemplar a história completa do mundo desde seu princípio, percebendo o lento desenvolver do intelecto do homem, a descendência dos Senhores da Chama e o crescimento das poderosas civilizações que Ele fundou.

Tampouco, o estudo que ele faz não está confinado apenas ao progresso da humanidade, mas, tal qual um museu, ele tem acesso a todas estranhas formas animais e vegetais que ocuparam o cenário no dia em que o mundo era jovem; pode seguir todas as maravilhosas mudanças geológicas que tiveram lugar e pode observar o curso dos grandes cataclismos que mudaram toda a face da Terra, de tempos em tempos.

Num caso especial é possível, para quem lê os registros, mais simpatia para com o passado. Se no curso de suas pesquisas se vê obrigado a contemplar uma cena em que haja tomado parte pessoalmente, em alguma das suas encarnações ele pode considerar de dois modos diversos: no primeiro, será simplesmente um espectador à moda usual, de quando ocorre ao evocar a cena (ainda que sempre como espectador cuja simpatia e penetração sejam perfeitas, e isso deve ser recordado sempre).

Da outra forma, pode uma vez mais se identificar com aquela sua personalidade morta há tanto tempo e pode trasladar-se a essa época passada e, absolutamente, experimentar de novo os pensamentos e as emoções, os prazeres e os sofrimentos de um passado remoto.

À luz desse conhecimento oculto, (que está ao alcance da visão interna), vê-se que a Maçonaria é muito mais santa do que seus iniciados geralmente parecem apreciar. Como a tradição sempre indicou, nota-se que é descendente dos Mistérios do Egito (o Egito representou em algum tempo o verdadeiro coração dessa esplêndida fé cuja sabedoria e poder foram a glória do mundo antigo); aqueles Mistérios foram a fonte e o protótipo das escolas secretas iniciáticas de outros países circunvizinhos e seu propósito é, todavia, o de servir de porta de entrada aos verdadeiros Mistérios da Grande Loja Branca.

A Maçonaria oferece aos seus iniciados muito mais do que uma simples moralização baseada em instrumentos de construção e, não obstante, é fundada nos mais puros princípios de piedade e virtude, pois, sem uma vida ética e sem praticar a moral, não há verdadeiro progresso espiritual.

As cerimônias na Franco-Maçonaria (pelo menos as dos mais altos graus) são dramatizações, por assim dizer, das seções de mundos invisíveis através dos quais o candidato deverá passar após sua morte, no curso ordinário da Natureza e nos quais deve entrar também na mais completa consciência durante os ritos da iniciação nos verdadeiros Mistérios dos que a Maçonaria é o reflexo.

Cada um dos graus relaciona-se diretamente com um diferente plano da Natureza, ou quando menos, com algum aspecto de um plano e possui, camada por camada, o significado aplicável à consciência do G. A. D. U., a construção do Universo e os princípios no homem de acordo com a lei oculta formulada por Hermes Trismegisto e adotada pelos Rosa-Cruzes, alquimistas e estudantes da Cabal das últimas épocas: "Como é acima, assim é abaixo".

Os ritos maçônicos são desse modo ritos do Caminho da prova, que tentam ser uma preparação para a verdadeira iniciação e uma escola para o treinamento dos Irmãos em vias do muito mais grandioso conhecimento do Caminho em si.

O Poder Sacramental

Para o estudante ocultista, a Franco-Maçonaria tem como aspecto de maior importância e de cuja relação eu escrevi meu livro, *A Vida Oculta na Maçonaria*. Não é somente um maravilhoso e intrincado sistema de símbolos ocultos que guarda por relíquia os segredos dos mundos invisíveis, mas apresenta também um aspecto sacramental que é da máxima beleza e valor, não somente para seus iniciados, mas também para todos os homens.

A representação do ritual de cada grau propõe-se a descer os poderes espirituais, em primeiro lugar para que o Irmão a quem lhe é concedido o grau seja ajudado a despertar dentro de si próprio esse aspecto de consciência que corresponde ao simbolismo do grau, tanto quanto possa ser despertado em segundo termo, para dar a mão aos Irmãos presentes, para sua evolução; em terceiro lugar, talvez o mais importante de tudo, para vir à tona o caudal de poder espiritual que tem a intenção de levantar, fortalecer e dar a todos e a cada um dos membros da Ordem.

Há alguns anos realizei uma investigação dentro do aspecto oculto dos sacramentos da Igreja Católica e publiquei seus resultados no meu livro: *"A Ciência dos Sacramentos"*. Os que lerem esse livro lembrarão de que o ato de espargir a semente do poder espiritual é uma das grandiosas metas da celebração da Santa Eucaristia, assim como de outros serviços da Igreja, e que isso se logra mediante a invocação de Anjo para que construa um templo espiritual nos mundos internos com a ajuda das forças geradas pelo amor e a devoção das pessoas e recarregar esse Templo com a enorme energia que faz descer com a consagração dos Elementos.

Um resultado semelhante obtém-se durante as cerimônias executadas pela Loja Maçônica, apesar de que o plano não seja exatamente o mesmo, senão muito mais antigo e cada um dos nossos rituais, quando devidamente conduzido, *"constrói"*, do mesmo modo, *"um templo nos mundos interiores"*, por meio do qual o poder espiritual invocado na iniciação do candidato é armazenado e irradiado.

Assim se vê que a Maçonaria, no sentido sacramental, assim também no místico, é *"a arte espiritualizada de edificar"* e cada Loja Maçônica deve ser um conduto de ordem superior para a aspersão das bênçãos espirituais sobre a zona na qual se labora.

Algumas vezes, ordens e ritos, que por sua vez foram canais de grande força, admitiram, conforme os anos foram transcorrendo, irmãos de menor valia que seus predecessores, irmãos que pensavam mais em seu próprio proveito do que no serviço para o mundo. Em tais casos, os poderes espirituais associados com aqueles graus eram totalmente retirados pelo Chefe de Todos os verdadeiros Maçons,[4] para serem aproveitados depois em outros grupos mais adequados, ou se lhes desejava que permanecessem latentes até que pudessem encontrar os candidatos mais viáveis para conservá-los valiosos; a única sucessão, herdando e transmitindo, assim dizendo, a semente do poder, ainda que o poder mesmo estivesse, em grande parte, inativo.

Por outro lado, registraram-se casos em que algum rito ou grau era manufaturado por algum estudante que desejava introduzir grande verdade dentro da forma cerimonial, sem conhecer a fundo toda essa fase oculta da Maçonaria, mas se esses graus ou ritos estivessem produzindo obra útil e por sua vez atraindo candidatos adequados, os poderes sacramentais correspondentes a tais ritos ou graus eram introduzidos algumas vezes, quer seja por algum Irmão do plano físico que possuísse uma das linhas de sucessão já mencionadas, que então era adaptado para o trabalho regular pelo Chefe de Todos os Verdadeiros Maçons, ou por uma interferência direta e não física que remonta ao passado.

Além do mais, o efeito interno de um grau concedido, ainda dentro de um rito legal, pode variar grandemente de acordo com o grau de adiantamento e a atitude geral do Irmão a quem lhe é conferido; assim que num caso, digamos, o 33º poderia conferir um formidável poder espiritual e noutro caso menos digno, os poderes entregues seriam muito débeis, em razão da incapacidade do candidato para responder plenamente a eles.

Em semelhantes casos, um grau mais pleno de poder se manifestaria em razão direta ao avanço logrado no desenvolvimento do caráter.

Parece também possível que esse poder seja temporalmente retirado, nos casos de feitos mal executados por algum dos irmãos, podendo ser restabelecido depois, quando a maldade se houvesse afastado deles.

Tudo isso pode parecer um pouco perturbador ao estudante do lado formal da Maçonaria, mas, na realidade, é fato que há poucos meios no plano físico para formar um juízo acerca dos efeitos internos de um grau, sem se referir aos que estão trabalhando no referido grau.

Contudo, pode se estabelecer, em termos gerais, que as principais linhas da tradição maçônica, aquelas que são do mais alto valor interno ou espiritual, são os graus da Maçonaria Azul, sobre os quais todos os outros estão superpostos e também os graus de Mark e Real Arco, do mesmo modo os graus principais do Rito Escocês Antigo, que são: o 18º, o 30º e o 33º.

Outros graus que se praticam nos trabalhos regulares têm seus próprios e peculiares poderes e têm, normalmente, grande importância, mas os graus que mencionei são aqueles que estão considerados pelo J. T. V. M. como os de maior valor para nossa geração e que são os que se praticam na Ordem Maçônica.

Há também outra linha de grande interesse, ainda que muito diferente dos demais graus que existem entre nós; essa linha é a dos ritos de Mênfis e Misraim, que são verdadeiras relíquias quanto ao seu poder oculto, mas não quanto à sua forma, que corresponde, talvez, aos mais antigos mistérios que existiram na Terra. Eles também oferecem grande contribuição ao futuro, do mesmo modo que a tiveram no passado, portanto, foram conservados e transmitidos até os dias presentes.

A Forma e a Vida

Em todos os casos devemos compreender que a forma externa dos graus da Maçonaria e sua própria vida são duas coisas absolutamente diferentes. Ainda que, naturalmente, num sistema perfeito como o dos antigos Mistérios no ápice de sua glória, correspondam-se perfeitamente, a Maçonaria está, porém, num estado de transição e está apenas emergindo da ignorância das idades estacionárias da humanidade.

Os ritos de Mênfis e Misraim são exemplos dessa discrepância. Esses colossais sistemas de 96º e 90º respectivamente são um revolvimento de cerimônias artificialmente elaboradas e apenas com valor para o estudante maçônico, exceto como um arquivo da elevada inventiva francesa dos altos graus, nos fins do século XV.

Quase todos esses graus apresentam poder oculto e foram simplesmente enxertados dentro dos ritos por Irmãos que bem poderiam não ter sabido nada dos seus verdadeiros propósitos.

Mas, atrás desses ritos e independentemente da forma conservada pela tradição, existe uma linha de herança que nos chegou desde o mais remoto passado, ainda mais antigo do que o Rito Escocês, em que alguns dos graus intermediários possuem muito pouco valor oculto.

Toda situação será mais bem compreendida quando alguém puder se dar conta de que o plano da Maçonaria está em mãos do Chefe de Todos os Verdadeiros Maçons, quem governa. Sua poderosa Ordem com perfeita justiça e maravilhosa destreza, para que tudo aquilo que se possa fazer seja feito pelo bem geral da Humanidade.

Os poderes que se encontram respaldando a Maçonaria são grandes e sagrados e como deve compreender-se, não devem ser conferidos em toda sua plenitude senão àqueles que possam usá-los devidamente e tratá-los com a reverência e o respeito que merecem.

Existe grande e gloriosa verdade em todo tempo sempre pressionando pela realização e empregando qualquer dos canais para sua manifestação. Quem quer que possa usá-lo, o usará sempre em toda a sua amplitude e ninguém deve temer que seja omitido.

No entanto, há também os irmãos que pensam mais e alargam sua própria vaidade mais do que no Trabalho Oculto; ali onde desgastam seu templo em festins e brincadeiras e abreviam o ritual sagrado, buscando um caminho mais curto e rápido para o sul, elegendo-se para a glória divina, como canais de valor insignificante, ao se compararem com aqueles Irmãos mais espiritualizados com vontade para entender e decifrar os mistérios.

O Chefe de Todos os Verdadeiros Maçons sempre está alerta. Vê a mais leve intenção dos operários para servir. Ele depositará seu maravilhoso poder na proporção em que os Irmãos cheguem a merecê-lo. Outro obstáculo que se levanta entre nós, em relação à conexão com a transmissão dos graus maçônicos, será tratado mais amplamente conforme formos avançando.

Já pudemos nos dar conta de que no caso do ritual maçônico não é questão de uma ortodoxia, ou um número maior ou menor de cismas e heresias, é melhor que existam tantas linhas de tradição em sua forma, como tipos de sucessão de poderes ocultos.

Os mistérios, conforme se desenvolveram em diferentes países do mundo antigo, variam consideravelmente nos detalhes da sua forma e da sua legenda.

Vestígios dessa discrepância permanecem intocados em alguns trabalhos agora em vigor entre nós.

Algumas correntes de tradição igualmente válidas cruzaram-se e recruzaram-se através das idades e influenciaram umas às outras em maior ou menor grau. Por exemplo, os principais tronos dos dignitários e oficiais de uma Loja justa e perfeita diferem notavelmente na Maçonaria Inglesa e na Maçonaria Americana.

A Maçonaria Inglesa segue o antigo método egípcio de regulá-los, enquanto que a Maçonaria Americana segue o plano caldeu e coloca seus dignatários num triângulo isóceles.

Os poderes da sucessão do Past Master nesses dois sistemas são, na essência, os mesmos, mas já que nas Lojas Americanas a cerimônia de instalação é reduzida ao mais ínfimo vestígio, somente confere o poder necessário para a transmissão dos graus e muito menos é feito para o V. M. que sob o plano inglês.

Mas isso é somente um ponto de imperfeição na forma praticada, mais do que uma ausência de poder. Os poderes espirituais em que se apoiam a Maçonaria trabalham constantemente por meio das diferentes formas de acordo com o valor delas e a vontade do

Chefe de Todos os Verdadeiros Maçons, o único juiz que equilibra as opiniões entre a chamada Maçonaria autêntica e a Maçonaria espúria.

À luz dessa perspectiva da sucessão maçônica, temos de ver que os ritos genuínos são aqueles que possuem e podem transmitir poder espiritual, enquanto que a Maçonaria espúria é o trabalho de uma forma da qual, por uma razão ou outra, a vida foi retirada ou com a qual nunca esteve ligada.

Nos capítulos seguintes tentarei achar os vestígios da ascendência direta da tradição maçônica a partir dos Mistérios egípcios até chegar ao presente, sem tratar, de modo algum, de delinear as correntes que se encontram separadas da cadeia sucessória, uma vez que esse seria o trabalho de toda uma vida e não teria um valor real para o estudante, mas, o melhor, tocando os pontos salientes da história da Maçonaria, tal e como se manifesta e se revela à nossa vida interna e se confirma nos escritos de autoridades da Maçonaria.

Capítulo II

Os Mistérios Egípcios

A Mensagem do Mestre do Mundo

Em A Vida Oculta da Francomaçonaria descrevi com alguma extensão a forma e o significado da Maçonaria de há aproximadamente seis mil anos, tal qual a conheci no Egito.

As práticas que pude observar correspondem à época do nascimento do Mestre do Mundo, entre o povo egípcio, há quarenta mil anos a. C., quando ensinou a eles a doutrina da Luz Oculta.

Façamos breve esboço da história daquela nação, daquela longínqua época até os treze mil e quinhentos anos a. C., que é de onde iniciei meu livro anterior.

A história autêntica do Egito, tal e como está determinada pelos estudiosos dessa época, parte da primeira Dinastia, fundada por Mena ou Manu, cinco mil anos a. C., aproximadamente, ainda que as datas sejam diferentes em cada um dos autores.

Considera-se que as pirâmides de Gizé, que tiveram um papel muito importante no aspecto oculto da adoração egípcia, foram edificadas pelos Reis da Quarta Dinastia: Khufu, (Cheops) Kahafra (Chephren) e Menkaura (Mycerinus), durante o quarto milênio a. C., mas a história oculta do Egito e suas pirâmides estendem-se muito além daqueles acontecimentos, em idades sobre as quais a tradição tem vaga informação, considerando que alguns ecos dos reinos dos Reis Divinos, das dinastias atlantes que governaram o Egito durante milhares de anos, aparecem nos mitos egípcios e gregos dos deuses e semideuses que, conforme se afirma, reinaram muito antes da chegada de Manu.

Segundo Manetho, o historiador egípcio do período Ptolomaico e cujos trabalhos se perderam (exceto alguns fragmentos que se conservam cuidadosamente) supõe-se que os deuses e semideuses reinaram durante doze mil oitocentos e quarenta e três anos, tendo vindo após os Nekyes ou Manes, que teriam reinado por cinco mil oitocentos e treze anos, e, alguns deles podem ser talvez identificados com o signo de Shemru Heru ou partidários de Hórus os quais são frequentemente mencionados nos textos egípcios. [4]

Diodoro Siculus, que visitou o Egito 57 anos antes de Cristo, afirma que a tradição religiosa dos deuses e

---

4 Sir E. A. Wallis BUDGE, *El Ninño*.

dos heróis persistiu no Egito pouco menos de dezoito mil anos antes de Mena.[5]

O livro *"O homem donde vem e aonde vai"*, mostra-nos muitos aspectos interessantes do passado e nos dá os seguintes dados: A conquista ocorreu há mais de 150.000 anos e o primeiro grande império egípcio fitou até a catástrofe do ano 75.025 a. C. ao afundarem no oceano as grandes Ilhas de Ruta e Daitya, centro do grande império, permanecendo na superfície somente a Ilha de Poseídon.[6] Esse fato ocorreu durante o reinado daquele império quando se construíram as três pirâmides, de acordo com os acontecimentos astronômicos e matemáticos dos sacerdotes atlantes.[7] Também é nessa época que encontramos a origem desses Mistérios que nos chegaram por conduto de sua mais fiel intérprete: a Franco-Maçonaria; cerimônias que já nessa época eram antiquíssimas e cujas origens nos levam a remoto passado.

Na grande catástrofe do ano 75.025 a. C. toda terra do Egito foi inundada e de sua antiga glória nada ficou a salvo, exceto as três pirâmides que emergiram sobre as águas.[8] Muitos anos depois, quando os pântanos ficaram em condições habitáveis surgiu uma dominação negra e a terra foi colonizada pelos Atlantes

---

5 Diodoro SICULIS, *História, Libro*.
6 *op. cit.*, pág. 119 e 132 in *A História da Atlântida*, por Scott Elliot
7 Veja-se *A Vida Oculta na Franco Maçonaria)*.
8 *O homem, quem é de onde vem e para onde vai*.

que lograram a restauração do antigo esplendor dos Templos Egípcios e o estabelecimento, uma vez mais, dos Mistérios ocultos que já se haviam celebrado dentro do coração da Grande Pirâmide.

O novo império durou até os dias de domínio ariano do Egito no ano de 13.500 a. C. que foi governado por uma grande dinastia de reis divinos, entre eles estavam alguns heróis a quem a Grécia reconheceu posteriormente por semideuses. Entre eles, Héracles, (Hércules) cujos doze trabalhos chegaram tradicionalmente até os tempos clássicos.

Mas, a história oculta do Egito e suas pirâmides vêm de mais atrás, de uma época em que a tradição está perdida e da qual apenas alguns ecos do reinado divino chegam a nós.

Foi a esse povo, por volta de 40.000 anos a. C., que o Mestre do Mundo chegou da Grande Loja Branca, usando o nome de Tahuti ou Tot, denominado posteriormente de Hermes pelos gregos. Ele fundou o culto esotérico dos deuses egípcios e restaurou os Mistérios com o esplendor dos antigos dias.

"Ele veio a ensinar a grandiosa doutrina da 'Luz Interna' aos sacerdotes dos Templos e à poderosa hierarquia sacerdotal do Egito, encabeçada por seu Faraó. No átrio do Templo Maior ensinou-lhes acerca de 'A luz que ilumina cada

homem que vem ao mundo', uma frase Sua que foi transmitida através das idades e teve época no quarto Evangelho com suas primitivas e pitorescas palavras egípcias. Ele lhes ensinou que a Luz era universal e que essa Luz, que era Deus, morava no coração de todos os homens: 'Eu sou essa Luz' e ordenou-lhes repetir: Essa Luz sou eu. Essa Luz, disse Ele, é o homem verdadeiro, ainda que os homens não o reconheçam e ainda que o passem por alto."

Osíris é Luz! O broto da Luz! Ele vive na Luz! Ele é a Luz! A Luz está oculta em todo lugar, está em cada rocha e em cada calhau.

Quando alguém se torna uno com Osíris, a Luz, então, torna-se una com o todo de que ele faz parte e, então, pode ver a Luz em cada um por mais espesso véu que a cubra, ou esteja subjugada ou tratem de encerrá-la. Tudo o mais não é; mais a Luz, É. A Luz é vida dos homens.

Em relação a cada homem (ainda que existam gloriosas cerimônias, ainda que haja muitos deveres para que o sacerdote os cumpra e múltiplos modos em que deva ajudar os homens), essa Luz está mais próxima do que nenhuma outra coisa, dentro do seu próprio coração.

Para cada homem, a Realidade está mais próxima do que qualquer cerimônia, pois somente terá que assomar a seu interior, para poder ver a luz desse objeto e de toda cerimônia e não se devem suprimir as cerimônias, pois *Eu não venho destruir, senão cumprir (*a profecia*).*

Quando o homem conhece, já mais além da cerimônia, já até Osíris, vai a Luz Amon-Rá, de onde brotou e à qual tudo retornará.

> *"Osíris está nos céus, mas Osíris está também no mesmo coração dos homens. Quando Osíris no coração conhece Osíris nos céus, o homem torna-se Deus e Osíris, antes feito fragmentos, novamente se converte em Uno. Mas vejam! Osíris, o Espírito Divino, Ísis, a Mãe Eterna, dão vida a Hórus, que é Homem. Homem nascido de ambos e não obstante, uno com Osíris. Hórus está fundido em Osíris e Ísis, que havia sido Matéria, converte-se, através dele, na Rainha da Vida e da sabedoria. E Osíris, Ísis e Hórus todos são nascidos da Luz."*

Dois são os nascimentos de Hórus. Ele nasce de Ísis, o Deus nascido na humanidade, tomando carne da Mãe Eterna, a Matéria, Virgem de Sempre.

Volta a nascer dentro de Osíris, redimindo sua Mãe da longa busca dos fragmentos de eu esposo, dispersos sobre Terra. Ele nasce em Osíris quando Osíris no coração vê Osíris nos céus e sabe que os dois são uno.

Assim ensinou Ele, e os sábios dentre os sacerdotes estiveram felizes. Ao Faraó, o Monarca, Ele deu este lema: *Busque a Luz*. Ele disse que somente enquanto o Rei veja a Luz no coração de cada um poderá governar bem. E ao povo deu-lhe como lema: *Tu és a Luz, deixe que essa Luz brilhe*. E ele pôs esse lema ao redor da pilastra de um templo, para a qual subiu a um pilar, cruzou a passagem e desceu noutro pilar. E também foi inscrito sobre os dintéis das casas e foram feitos pequenos modelos da pilastra onde Ele escreveu modelos em metais preciosos ou em barro cozido, para que ainda os mais pobres pudessem comprar aqueles modelos de barro azul vitrificado, percorridos por vias café.

Outro dos seus lemas favoritos foi: *Sigam a Luz* que mais tarde converteu-se em: *Sigam o Rei*, frase que se estendeu até o Ocidente e chegou a ser o lema dos Cavalheiros da Távola Redonda, e a gente aprendeu a dizer dos seus mortos: *Foi-se para a Luz*.

E a otimista civilização do Egito alegrou-se mais ainda porque Ele havia morado entre eles, a Luz corporificada. E os sacerdotes, aos quais Ele havia iniciado, transmitiram Suas doutrinas e Suas instruções secretas que deixaram plasmadas no nicho de seus Mistérios; e os estudiosos chegaram de todas as nações para aprenderem a Sabedoria dos Egípcios, e a fama das escolas do Egito estendeu-se a todos os âmbitos da Terra.

Os Deuses do Egito

Foi visto que as deidades, ou melhor, dizendo, formas de divindade, Osíris, Ísis e Hórus já eram familiares ao povo e o Mestre do Mundo quis que fizesse parte a sua obra para atrair atenção da gente ao verdadeiro significado dessas três Pessoas. Não sabemos quando foi introduzido na Terra o conhecimento desses Três Aspectos de Deus, mas na ocasião da nossa experiência já tinham seus lugares na simbologia dos Mistérios.

Ísis e Osíris

Ísis, a quem são atribuídos os Mistérios Menores, não era somente o princípio universal feminino expresso na Natureza, mas também um Ser real e altamente digno, exatamente como o Cristo na Vida universal, o Segundo Logos e também um alto Oficial da Hierarquia Oculta.

Ela, em virtude do seu elevado desenvolvimento, foi capaz de representar para o homem o aspecto feminino da Deidade. Ísis era a mãe e tudo o que vive e também era sabedoria, verdade e poder. No frontispício do seu templo em Sais se lê essa inscrição: *E sou o que fui, o que é, e o que será e nenhum homem levantou o véu que cobre minha Divindade ante os olhos dos mortais.*

A Lua foi seu símbolo e a influência que ela derramava sobre seus adoradores, à música do sestro, o aspecto de uma luz azul brilhante com delicados fios de prata, como trêmulos raios da Lua e, a ser tocada provocava o êxtase e concedia elevação.

Osíris foi corporificação de Deus Pai num poderoso Espírito Planetário. Seu símbolo foi o sol e a influência que ele derramava era uma deslumbrante glória de luz ardente de ouro, como os raios do Sol captados na superfície de um lago.

A influência de Hórus, que representa o Filho Divino, era a rosa resplandecente e o ouro do amor eterno que é a perfeita sabedoria.

Deidades Animais

Os egípcios também seguiam a antiga prática de considerar certos animais em alguns aspectos como reflexo divino, devido às qualidades que neles se sobressaiam. Assim tomaram a inteligência do mono, a aguda vista do falcão, a força do touro e assim sucessivamente, atribuindo a eles algum aspecto da deidade.

Cuidadosamente, educavam certos animais como as mais perfeitas representações de sua espécie e os separavam dos demais, para tê-los por símbolos daquelas qualidades divinas. E desse modo conhecemos o Boi Ápis e os Gatos de Bast e de Pasht. Esses animais não foram realmente reconhecidos como sagrados, mas tais quais exemplos objetivos de suas qualidades.

No início, a criatura foi um simples símbolo, posteriormente, os egípcios tiveram a segurança de que aqueles que especialmente haviam escolhido chegavam a estar tocados pela divindade e, até certo ponto, era uma manifestação da mesma. Logo, embalsamavam os corpos desses animais e colocavam suas múmias nos Templos, com a ideia de conservar neles a influência da divindade.

O Embalsamamento

Do mesmo modo foram embalsamados os Faraós, com a ideia de que seu poder e sua conexão com a deidade era muito estreita, por serem faraós perpetuaram-se para que continuassem a irradiar esse poder, tanto tempo quanto durasse a matéria. Desse costume deriva-se o de preservar, em algumas religiões, as relíquias de santos.

O profundo amor que os egípcios sentiam por sua pátria foi também uma das razões para embalsamar seus mortos; eles esperavam guardar para sempre um determinado elo no plano físico que faria o milagre de fazê-los nascer de novo entre os homens de seu povo. E na verdade, observaram alguns casos em que o milagre parece ter-se realizado, ainda que a vontade do Eu reencarnado fosse sem dúvida, suficiente para conseguir o mesmo resultado. O costume de embalsamar os mortos não pode ser realmente bom, considerando a força do poder e, portanto, passível de se materializar mais facilmente e atuar no plano físico de modo completamente indesejável. Por sorte, essa prática foi abandonada.

Outras Deidades

Muitas outras deidades foram reverenciadas no antigo Egito, do mesmo modo que numerosos deuses são adorados na Índia dos nossos dias.

Em cada caso, a devoção dirigida ao Ser Supremo obtinha sua resposta no aspecto particular em que evocava o canal escolhido pelo crente.

Anjos poderosos de diferentes Ordens e Raios eram escolhidos para representar as mais diversas qualidades da Deidade e, assim, foram adorados iguais deuses nas crenças mais antigas.

Nesses casos, porém, é tão estreita a união que a devoção rendida a cada um deles era a mesma que se outorgava ao Próprio Deus. Shri Krishna, falando como o Supremo no Bhagavad-Gita afirma: *Ainda aqueles que adoram outros Deuses com devoção, plenos de fé, eles também estão adorando-me.*

Onde quer que se ofereça a devoção através de uma forma particular, podemos estar seguros de que atrás dessa forma existe uma Inteligência que atua como mediador ou canal entre o devoto e a Divindade.

Hathor, por exemplo, foi a deusa do amor e da beleza, enquanto que, como vimos, Ísis foi a Rainha da Verdade e a Mãe de todas as coisas, não obstante, ambas foram as representantes do aspecto feminino da Deidade, do mesmo modo o foi Nephtys Ptah, o Mestre Arquiteto do Universo, o Espírito Santo, que é o Fogo Criativo de Deus, o Ourives celestial, o fundador chefe, o preparador e escultor dos Deuses, o Artífice experto que desenhou e fabricou cada uma das partes da armação de que o mundo está feito.

Os Irmãos de Hórus

Entre as demais deidades que estavam especialmente conectadas com os Mistérios e que ainda têm um papel entre os mais relevantes no funcionamento interno das nossas cerimônias maçônicas, há de se encontrar os quatro irmãos de Hórus, que estão descritos na pintura da cerimônia do juramento e na que estão representados de pé sobre uma flor de lótus, ante o trono de Osíris.

Esses irmãos de Hórus representam os Deuses dos quatro quartos, ou dos quatro pontos cardiais, que sustentam o pálio do céu nos seus quatro ângulos.

Hapi era o Deus do Norte, e é representado com cabeça de mono, Tuamutef era o Deus do Leste e trazia a cabeça de chacal, Amset ou Kesthagobernaba, o Sul e tinha cabeça de homem, enquanto que o oeste era governado por Qebsennuf, que tinha cabeça de falcão.

A verdade fundamental dessas estranhas deidades é do mais profundo interesse se as examinarmos com a luz interna, pois essas quatro deidades são as mesmas que as quatro Devarajas da Índia: os reis dos elementos: Terra, Ar, Fogo e Água e as quais do mesmo modo presidem os quatro pontos cardiais. Correspondem igualmente aos querubins descritos pelo Profeta Ezequiel e às quatro bestas da Revelação. São João disse: *"E no meio do trono e ao redor do trono estavam quatro bestas cheias de olhos na frente e atrás, e a primeira besta parecia leão e a segunda besta parecia vitela e a terceira besta tinha rosto de homem e a quarta besta era como uma águia em voo e as quatro bestas tinham seis asas cada uma e eram cheias de olhos e não descansavam dia e noite, dizendo: Santo, Santo, Santo Senhor Deus Todo-poderoso que era, é e será."*

Ezequiel descreve-as de modo ligeiramente diferente:

"E suas asas uniam-se umas com as outras e nunca volteavam em sua marcha, mas pelo contrário avançavam sempre à frente. Pela aparência de suas caras, as quatro tinham rosto de homem e cara de leão do lado direito e as quatro tinham cara de touro do lado esquerdo e tinham também cara de águia. Quanto à aparência das

criaturas viventes, semelhavam pedaços ardentes de carvão chamejante e pareciam também, lâmpadas. E esta aparência subia e baixava entre as criaturas viventes e o fogo era brilhante e dele saiam relâmpagos. E agora, assim como vi as criaturas viventes, vejo também uma roda sobre a terra, junto com as criaturas viventes com suas quatro caras. A aparência das rodas e seu trabalho era como se tivessem a cor do berilo. E as quatro tinham a mesma aparência e sua aparência e seu trabalho era como se uma roda estivesse em meio de outra roda. Quando se iam, caminhavam sobre seus quatro lados, sem voltear. E seus aros eram tão altos que por isso se tornavam espantosos, e aqueles aros estavam cheios de olhos ao redor das quatro."

Esse simbolismo é verdadeiramente estranho, mas relevante. E qualquer investigador que haja tido alguma vez o privilégio de ver as poderosas Quatro, imediatamente reconhecerá que São João e o Profeta Ezequiel também as viram apesar do inadequado de suas descrições.

A besta com a cara de homem representa o corpo físico (terra); o touro (como nos casos do touro de Mitra e do Boi Ápis) tipifica o emocional ou corpo astral (água); o leão simboliza a vontade ou o aspecto mental (ar) e a águia de alto voo toma-se para indicar o aspecto espiritual da natureza do homem (fogo).

As formas egípcias eram um pouco diferentes, mas os mesmos quatro elementos e seus Governantes estão representados nesse simbolismo arcaico que encontramos em todas as religiões.

Existe um Brama de quatro caras, um Júpiter quádruplo, que é ao mesmo tempo aéreo, do fogo, marinho e terrestre. E isso nos retorna à realidade atrás de todos esses símbolos; os quatro grandiosos Anjos Governantes dos elementos, os administradores da grande lei, os deuses e guias das hierarquias dos Anjos da Terra, da Água do Ar e do Fogo. São eles os quatro místicos e estão cheios de olhos, porque são os escribas, os arquivistas, os agentes de Lipica: vigiam tudo o que se passa e tudo o que se faz e tudo o que se escreve ou se fala ou se pensa em qualquer dos mundos.

No livro "A Luz da Ásia" eles estão descritos como os Governantes dos quatro pontos da bússola. *"Os quatro Regentes da Terra procedem do Monte Sumério; são os que escrevem os fatos dos homens em placas de bronze: o anjo do Oriente, cujos correligionários são vestidos de manto prateados e trazem escudos de pérolas; o Anjo do Sul, cujos ginetes, os Kimbhandas, cavalgam e corcéis azuis, com escudos de safiras; o anjo do Ocidente, seguido de Nagas, em corcéis de cor vermelho sangue, com escudos de coral; o Anjo do Norte, rodeado de seus Yakshsas, todo de ouro, em cavalos amarelos, com escudos de ouro."*

Essa é uma poética descrição oriental que tem uma base definida.

A forma descritiva desse poema é simplesmente tradicional, no entanto, no fundo se encontra uma realidade.

Esses quatro Grandes Regentes estão rodeados e em constante comunicação com grandes hostes de anjos e Querubins e ainda esses não tomam a forma exata de ginetes de guarda, apesar das cores das respectivas hostes estarem corretamente dadas.

Esses quatro extraordinários e maravilhosos seres não são exatamente anjos, no sentido corrente da palavra, ainda que assim se lhes chame. Sob seu comando estão as hierarquias dos Anjos que levam adiante sua vontade de acordo com a Lei, pois dirigem toda a extraordinária maquinaria da justiça divina, e em suas mãos está a atividade da Lei do Carma.

Às vezes, nós nos referimos a eles tais quais supervisores que custodiam as portas de acesso e provam os materiais para a edificação do sagrado templo.

A Consagração

Esses seres estão intimamente conectados com o labor interno dos Mistérios, por conseguinte, com a maçonaria que se deriva diretamente deles. Representam as grandes forças construtoras do universo, os poderes construtivos da Natureza e posto que nós, nas

Lojas, estamos dedicados à construção de um universo em miniatura (microcosmos), pois são eles a quem evocamos para que nos auxiliem em nosso trabalho.

Essa invocação efetua-se na consagração de cada uma das Lojas e apesar de que, em muitos casos, o moderno Dignitário, encarregado de levar a cabo essa dita consagração, quase não saiba o verdadeiro significado das tradicionais oferendas do trigo, do vinho do azeite e do sal, símbolos que, desde tempo imemorável, foram escolhidos para representar os quatro Poderes Especiais.

Essa parte arcaica do Ritual, quando é executada por um Imediato do Past-Master, devidamente consagrado para consagrar uma Loja, produz resultados estupendos nos mundos internos, uma vez que equivale a uma chamada que se faz aos Espíritos Planetários que estão à frente das quatro linhas para que a nova Loja seja reconhecida e dedicada ao serviço do G. A. D. U.

A chamada é atendida. Ao espargir o milho no Norte um grande Anjo dourado da terra desce majestosamente, seguido por um séquito de Anjos dos quais alguns vêm atrás dele, para servirem de canais do poder de sua Hierarquia, quando a Loja se inicia na antiga e devida forma.

Quando se derrama o vinho no Sul, invoca-se o Grande Anjo Azul da água, que também é assistido por outros anjos de menor hierarquia.

De modo semelhante, a oferenda do azeite no Oeste chama para nós um poderoso anjo de cor carmesim: o Anjo do fogo, que derrama sobre a Loja o esplêndido poder rítmico do mais terrível e adorável dos elementos.

Quando o sal é derramado no Leste, o Anjo do Ar baixa feito um relâmpago sobre o plano terrestre, ele e seus assistentes são de uma maravilhosa tonalidade prateada com lampejos de cor madrepérola.

Esses quatro grandes poderes, representando os quatro deuses dos elementos, os quatro meninos ou irmãos de Hórus, somente consagram a Loja entrelaçando os Irmãos numa cerrada unidade nos mundos internos e conectando com eles os Anjos de suas respectivas ordens, os quais, na sucessão serão seus verdadeiros representantes nas Tenidas.

A tradição desses quatro transferiu-se aos Arquitetos operantes medievais e chegou a se misturar com os quatro Mártires Coroados que são os Santos Patronos da Maçonaria.

Permitam-me advertir a meus irmãos que possam ser chamados para atuar tais quais oficiais de consagração, que se assegurem de que é trigo a semente apropriada para essa cerimônia, não o milho americano, sim, o Trigo.

Em certa ocasião, devido a um descuido, entregaram-me milho (conhecido nos E.E.U.U. como trigo indígena) para oficiar em semelhante ocasião e como não havia tempo para que o trigo fosse enviado, tive de usar o que me foi oferecido.

Os resultados não se fizeram esperar, porque pudemos ver uma verdadeira nuvem de espíritos da Natureza, de um tipo totalmente diverso e que eram absolutamente alheios ao trabalho que habitualmente se espera deles e que nesse caso, era algo completamente impróprio para eles. Posteriormente, precisei repetir essa parte da consagração, utilizando o material adequado.

O Propósito dos Mistérios

Em meu livro *A Vida Oculta na Francomaçonaria* escrevi brevemente sobre o significado dos mistérios. Disse ali: *"Os Mistérios foram grandes instituições públicas mantidas pelo Estado, centros de vida nacional e religiosa aos quais comparecia gente das classes superiores em verdadeiras multidões e onde tinham seu labor de um modo realmente excepcional, e quando uma pessoa passava rigorosamente por seus graus, num processo de muitos anos, chegava a ser o que hoje chamamos de pessoa de educação e cultura superior, com acréscimo de que além do conhecimento deste mundo, tinha uma vívida concepção do futuro após a morte. Deste modo, sabia o que é verdadeiramente valioso a fazer e pelo que se deve viver."*

Assim, pois, não se deve pensar que os Mistérios eram sociedades secretas, com todos os seus assuntos deliberadamente escondidos para o público comum. Deve manter-se presente que milhares de pessoas pertenceram aos graus comuns dos Mistérios de Ísis. O ensinamento e a preparação dos mais internos e mais ocultos graus (como nós poderíamos chamá-los) estavam, na verdade, velados para aqueles que não tinham interesse, ou seja, aqueles que não estavam suficientemente avançados na sua evolução, que não eram adequados para participarem deles, do mesmo modo como nas Universidades modernas há classes, por exemplo, onde são ensinados complexos problemas de Geometria velados aos jovens que ainda estão aprendendo aritmética elementar.

Todos no Egito sabiam que existiam Mistérios e praticamente todos sabiam que estavam extensamente interessados na vida após a morte e na preparação para ela. Esse ensinamento era compartilhado com os iniciantes nos Mistérios sob solenes juramentos secretos, e os resultados de certas linhas de conduta no mundo após a morte eram mostrados até nos seus mínimos detalhes.

No programa essencial dessa instrução secreta estavam envolvidos, nos Rituais de Iniciação, Paixão e Elevação e são esses rituais os que em parte têm chegado a nós nas cerimônias da Franco-Maçonaria, os quais estão ainda protegidos por juramentos secretos como foram naquelas longínquas épocas.

Todas as grandes nações tiveram os seus Mistérios, através dos quais os grandes Mestres da humanidade instruíram seus povos em assuntos importantes, inspirados na Grande Loja Branca que, sem distinção, apoia por igual todas as religiões. Entre elas, os Mistérios egípcios foram preeminentes entre os povos ocidentais do Velho Mundo, não por sua idade verdadeiramente imemorial, mas também porque o Egito foi um dos grandes centros auxiliares da Loja Branca.

A Grande Fraternidade Branca tem núcleo diretores na Ásia Central e também em várias épocas, e, por diferentes propósitos manteve Lojas subsidiárias em diferentes partes do mundo.

A presença desse centro secreto pertencente à Grande Fraternidade Branca esteve ligada à grandeza do Egito, através das idades. E apesar do fato de sua existência não ser conhecida no mundo externo, aquela Loja dos verdadeiros Mistérios supervisionava todo o esquema da iniciação egípcia e converteu-a no protótipo dos Mistérios em todas as demais nações.

O Egito foi, pois, o centro da iluminação espiritual para todo o mundo ocidental e todos aqueles que buscavam a Grande Iniciação foram atraídos até ele, e é esse o fato que explica reverência rendida aos Mistérios Egípcios pelos gregos cultos nos últimos anos.

O centro principal para os trabalhos públicos desses Mistérios foi a Grande Pirâmide, chamada no antigo Egito, "Khut", ou o mesmo que "A Luz".

Essa Pirâmide foi construída, baseando-se nos cálculos mais exatos e precisos da astronomia e das matemáticas de que resulta uma grande chave de pedra que serviu para abrirmos as portas de todos os enigmas do Universo. Os iniciados nos Mistérios Egípcios estiveram simbolicamente ocupados na construção da Pirâmide, do mesmo modo que nós, na qualidade de maçons modernos, estamos edificando o Templo do Rei Salomão, ambas as estruturas levam a intenção de ser emblemáticas do processo construtivo da Natureza.

Nas passagens sob a pirâmide (essas câmaras subterrâneas que foram mencionadas por Heródoto como, contidas numa ilha e alimentadas por um canal proveniente do Nilo), praticavam-se algumas cerimônias dos Mistérios.

Essas e outras passagens em torno da grande pirâmide guardam, todavia, seu segredo aos exploradores, ainda que possam ser abertas *"mediante os procedimentos apropriados"*: as portas giram sobre pivôs coordenados num sistema complicado de contrapesos e serão postas em movimento ao caminhar sobre certas partes do piso numa ordem determinada e precisa.

As cerimônias dos Mistérios foram também dedicadas a *"retratar"* a mais alta evolução do homem, seu retorno à divina fonte de onde proveio, através do desenvolvimento do mais elevado de sua natureza, que não é apenas uma consequência das práticas de meditação e cerimonial, senão que, ou melhor, é consequência de viver de acordo com os preceitos éticos que lhe foram ensinados.

Muitos dos nossos contemporâneos imaginam que conhecem as verdadeiras éticas sem que lhes tenham ensinado, mas não é assim; ainda que agora pareça algo natural, noutros tempos constituíram descobrimentos ou revelações, algo semelhante aos passos do progresso da ciência material e das invenções.

Cada grau dos Mistérios foi instituído para refletir uma e outra das grandes Iniciações da Grande Loja Branca, para que os iniciados que estivessem no mais baixo nível pudessem preparar-se, em última estância, para entrar no Caminho da Santidade e desse modo tratar de conseguir a completa união com Osíris, "*A Luz Oculta*".

Quando chegarmos a estudar esses Graus, veremos como foi graduado esse ensinamento e a forma que esses iniciados, que foram preparados devidamente, conseguiram chegar ao conhecimento verdadeiro que buscavam.

O esquema da iniciação dava um completo desenho da evolução espiritual do homem e deixava nas mãos do candidato, em particular, o dedicar-se a pôr em prática os ensinamentos e tornar real em sua consciência o que estava simbolizado no ritual.

Os Graus dos Mistérios

Os Mistérios do Egito estavam, como sempre, divididos em duas seções principais: os menores e os maiores.

Os Mistérios Menores estavam até certo ponto tipificados no que hoje conhecemos por primeiro Grau da Franco-Maçonaria, enquanto que os Grandes Mistérios eram análogos ao que hoje chamamos Segundo e Terceiro Graus. Mais além desses, celebrava-se uma cerimônia que correspondia ao grau do Mestre Instalado, em que a sucessão de poderes era protegida e transmitida de tempo em tempo e ainda com mais reserva existiam, todavia, maiores poderes espirituais que estão indicados e ainda dados em certa extensão, nos mais altos graus do Rito Escocês Antigo e Aceitado.

Por trás de todo o sistema da iniciação maçônica estava e (está) a Grande Loja Branca, conferindo as cinco Grandes Iniciações que conduzem à perfeição humana e à plena união com Deus.

Os Mistérios de Ísis

Nos Mistérios Menores, ensinava-se ao iniciado o que há no outro lado da morte, e a cerimônia da iniciação era um mapa simbólico daquele mundo intermediário, às vezes, chamado plano astral.

Provavelmente, Apuleio referiu-se a esse grau quando descreveu os Mistérios de Ísis, conforme eram celebrados na Grécia, durante o século II de nossa Era, ainda que quando os escreveu haviam caído em considerável decadência.

Depois de se referir a várias purificações pelas quais passou, relata algo do que sucedeu em sua própria iniciação: *"E assim que se aproximava o dia em que devia ser feito o sacrifício da dedicação e quando o Sol declinava e a tarde começava a tingir de ouro as praias, aqui chegaram de todas as costas, uma multidão de sacerdotes, que, de acordo com seus antigos costumes, ofereceram-me muitos regalos e presentes. E então, ordenou-se que partissem todos os laicos e profanos e quando os sacerdotes puseram sobre minhas costas um novo manto de linho branco, um deles tomou-me pelas mãos e levou-me até o lugar mais sagrado e mais secreto do templo."*

Talvez você, estudioso leitor, anelasse saber o que se fez e se disse ali, na verdade eu lhe diria se fosse permitido e você iria saber se lhe fosse conveniente ouvir, mas seus ouvidos e minha língua sofreriam a mesma dor por nossa ousada curiosidade.

"Não obstante, não atormentarei mais sua mente, se por ventura, é um tanto religiosa e dada a sentir devoção, assim, pois, ouça e creia no que lhe digo. Entenderá que me aproximei do inferno e até cheguei às portas de Proserpina e que, depois disto, vi-me arrebatado por forças

superiores através de todos os elementos até regressar ao meu próprio lugar; mas, como à meia noite, vi o sol brilhando com todo seu esplendor e do mesmo modo vi os deuses celestiais e os deuses infernais diante do que me apresentei e ajoelhado, adorei-os. Sobre o que disseram, devo calar-me ainda que tenha ouvido, é necessário que o oculte e não poderá ser divulgado sem ofensa ao profano.

Quando a manhã chegou e finalizaram as solenidades, saí santificado com doce estola e com um hábito religioso, com os quais não me foi proibido falar, considerando que muitas pessoas me vieram nesses momentos. Depois me ordenaram que subisse a um púlpito de madeira, que se erguia no meio do Templo, ante a figura e representação da deusa; meus trajes eram de linho finíssimo recobertos de bordados de flores; trazia uma preciosa capa de chuva sobre meus ombros, tão longa que se arrastava pelo chão, sobre a qual havia várias figuras de bestas bordadas em diversas cores; dragões, grifos hiperbóreos, com os quais, a outra parte do mundo engendra; os sacerdotes, mais comumente, chamam estola do Olimpo a este hábito. Na minha mão direita trazia uma tocha acesa, uma guirlanda de flores estava sobre minha cabeça, com folhas de palma branca, que configuravam uma espécie de raios, com o que eu parecia adornado com resplendores do Sol, como se fora uma imagem; então as cortinas descerraram-se e todo mundo rodeava-me dentro do templo para contemplar-me. Depois começaram a solenizar a festa, a natividade da minha sagrada ordem e ofereceram-me suntuosos banquetes e carnes deliciosas; no terceiro dia fui celebrado com análogas cerimônias, com uma cena religiosa e com toda a assistência dos Adeptos da Ordem."

Reza a crômica que durante a cerimônia disse Ísis: *Eu sou a Natureza, progenitora de todas as coisas, a soberana de todos os elementos, a essencial progênie do tempo.*

As Provas Preliminares

Os segredos comunicados nos Mistérios foram perfeita e lealmente guardados e não se podem obter detalhes acerca deles, ainda que ocasionalmente encontremos sugestões que nos dão ligeira ideia de seu caráter.

Assim, por exemplo, há um pitoresco relato acerca da preparação para eles dado por Mackey no seu *Léxico da Francomaçonaria* o que, ainda quando não pareça estar respaldado pelos arquivos conservadores de autores gregos e latinos, contém alguns fragmentos de verdade. Tomarei a liberdade de compendiá-lo.

Alguns dias antes da iniciação esperava-se que o candidato guardasse perfeita castidade, que se mantivesse dentro de ligeira dieta, excluindo-se qualquer alimento animal e que ele fosse purificado por meio de repetidas abluções.

À meia-noite, era conduzido à entrada de uma galeria de pouca altura, por onde tinha de se arrastar com o auxílio das mãos e joelhos. Imediatamente, depois do percurso chegava à boca de um poço pelo qual era indicado pelo guia para que descesse.

Se o candidato mostrasse a menor dúvida, era conduzido de regresso ao mundo externo e nunca mais seria admitido por candidato à iniciação. Se, apesar de tudo, tentava descer, o condutor mostrava a ele uma escada escondida que permitia baixar com segurança.

Depois, ele penetrava numa angustiosa e serpenteante galeria, em cuja entrada estava a inscrição: *"O mortal que viajar por este caminho sem vacilar nem voltar para trás, será purificado com fogo, água e ar e se puder sobrepor-se ao temor da morte, emergirá das entranhas da terra, voltará à luz e reclamará seu direito de preparar sua alma para a recepção dos Mistérios da Grande Deusa Ísis."*

O guia deixa agora o aspirante, advertindo-o de que muitos perigos o cercam e rodeiam-no onde quer que seja e exorta-o a que continue inamovível. Pesadas portas cerram-se atrás dele tornando impossível o regresso. Depois passa por um corredor espaçoso, cheio de chamas, por meio das quais tem de correr à toda velocidade.

Quando tiver passado por esse flamejante forno, chegará à outra passagem cujo piso está coberto por uma enorme rede de barras de ferro vermelho vivo com espaços muito estreitos entre elas. Superada essa dificuldade, encontra-se com um amplo e rápido canal de água, que tem de cruzar a nado. Na orla achará uma estreita plataforma de terra limitada por dois altos muros de latão e em cada um deles uma enorme roda do mesmo metal e mais além dessas uma porta de marfim. Não encontra forma de abrir essa porta, mas logo descobre dois grandes anéis que deslizam pelo solo, resultando no movimento das grandes rodas bronzeadas que giram com um ruído ensurdecedor e que fazem fundir a plataforma em que ele se encontra, deixando suspenso pelos grandes anéis sobre um abismo aparentemente sem fundo, de onde surge uma gelada corrente de ar que soprando sobre a débil chama da sua lâmpada deixa o ambiente em profunda escuridão.

Por alguns instantes o candidato fica pendurado, mas logo o ruído cessa, a plataforma volta à sua antiga posição e a porta de marfim abre-se por si só, levando a um salão brilhante menos iluminado onde se encontra um número de sacerdotes de Ísis, ataviados com as insígnias místicas de seus cargos, que lhe dão as boas-vindas e o felicitam.

Nas paredes estão vários símbolos dos Mistérios Egípcios, cuja significação é explicada ao candidato nos diferentes graus.

Não se podem afirmar os detalhes de tal relato, mas é certo que severas provas mais ou menos da natureza descrita eram aplicadas aos candidatos dos Mistérios Ocultos. Nenhuma dessas provas era imposta ao homem que somente desejasse assumir o curso comum de cultura intensiva; ele podia passar através dos graus Maiores ou Menores, sem encontrar nada mais formidável do que o dedicado e por longo tempo continuado estudo, e muitas vezes nem sequer sabia que havia outra etapa (ou melhor, um número de etapas) que estavam completamente adiante daquelas e onde ele teria de enfrentar perigos astrais muito sérios para constatar seu valor e autodomínio.

Nos dia em que começavam os Mistérios, imagens vivas eram materializadas pelos sacerdotes ante os olhos do candidato para que visse, por si mesmo, o que há do outro lado da morte. Anos mais tarde, quando havia menos conhecimento entre os Hierofantes, utilizavam-se complicados aditamentos mecânicos, para representar as realidades do mundo astral tanto quanto fosse possível. Posteriormente, os pontos característicos dessas imagens foram reproduzidos num sistema de cerimônias simbólicas, cujo principal esquema chegou-nos hoje na cerimônia da iniciação da Maçonaria, ainda que em algumas Obediências resta somente mero vestígio do procedimento original.

A Linguagem dos Mistérios

Além do ensino sobre a vida após a morte, que foi elaborado a partir de incontáveis histórias acerca de indivíduos imaginários, mostrando os resultados no plano astral de certos modos de obrar durante a vida, era ministrado um curso escolhido de educação aos iniciados do Primeiro Grau, educação que continha o que os maçons chamamos de as Sete ciências e artes liberais, a saber: Gramática, Lógica, Retórica, Aritmética, Geometria, Música e Astronomia.

Por Gramática os egípcios entendiam a chamada escritura hieroglífica dos sacerdotes, que era ensinada a todos os iniciados nos Mistérios, mas que também simbolizava uma espécie de linguagem secreta, um modo de falar peculiar do sacerdócio. Na linguagem secreta dos Mistérios não era comum que se empregassem diferentes palavras, mas que as palavras comuns tivessem um significado diferente.

Quantos tivessem estudado as traduções dos textos egípcios, teriam notado a diversidade das versões nos diferentes investigadores; em ocasiões me indaguei se isso se devia de algum modo àquele sistema de duplos significados.

No antigo Egito podíamos falar acerca dos segredos da vida oculta diante de multidões, velando-lhes, apesar disso, o que queríamos dizer. Para isso, fazíamos uso de um extenso vocabulário dessas palavras tão significativas, de modo que toda uma conversa podia bem sustentar-se aparentemente sobre assuntos cotidianos, versando, na realidade, acerca dos segredos dos Mistérios.

Muita instrução foi dada por esse meio; uma conferência ou um discurso podia dar-se publicamente por algum dos sacerdotes, tendo dois significados completamente diferentes: um deles, ético e cuja intenção era ajudar as pessoas não iniciadas e o outro, esotérico, para os estudantes dos Mistérios.

A lenda de que a Maçonaria possui uma linguagem universal, conhecida apenas pelos membros da fraternidade, é apenas um eco tradicional desse antigo e secreto idioma.

O idioma secreto dos Iniciados era também usado em inscrições, do mesmo modo que os hieróglifos pintados nas paredes como em papiros. Muitas das inscrições que falavam das vitórias de algum grande Faraó podiam ser lidas com um sentido oculto e, então, tinham instrução espiritual para aqueles que haviam aprendido o significado real. Isso é muito certo em relação a *"O Livro dos Mortos"* que ao ser traduzido ao inglês por eruditos modernos apenas resulta ser ininteligível e, às vezes, até grotesco. No entanto, na interpretação desse livro ensinada nos Mistérios, esses mesmos textos estão cheios de iluminação interna e contêm nutrida informação sobre as realidades da vida e da morte.

Talvez seja necessário repetir que em tudo isso não havia desejo por parte do sacerdócio em confundir o povo; sua ideia era simplesmente participar de uma instrução graduada de acordo com as necessidades dos que ouviam e para evitar que importantes segredos passassem àqueles que não estavam preparados para recebê-los. Foi por essa mesma razão que as distribuições das pedras do interior da Grande Pirâmide eram confusas.

Algumas das passagens não eram usadas no todo no processo da iniciação, pois a autêntica passagem era acessível de outro modo, completamente diferente.

A Dualidade de Cada Grau

Os Mistérios Menores comuns (que podem ser chamados de Primeiro Grau) eram abertos praticamente a todos àqueles que solicitassem seu ingresso, sempre que fossem de uma vida intocável e uma inteligência suficientemente razoável, que fossem livres e que os informes obtidos sobre sua solicitação fossem favoráveis.

Seguindo o curso natural, os iniciados passavam aos Grandes Mistérios (Segundo e Terceiro Graus), mas em cada um deles havia também Mistérios ocultos que já mencionei ao me referir às provas preliminares.

Os Mistérios Internos de Ísis

Dentro e atrás dos Mistérios externos de Ísis, havia círculos internos de estudantes cuidadosamente selecionados pelos sacerdotes, cuja existência era guardada no mais absoluto segredo, ainda que para a maioria dos mesmos iniciados. Nesses círculos se desenvolvia, praticamente, o ensinamento oculto que capacitava os adeptos a despertar e educar suas faculdades internas e desse modo poder estudar, em primeira mão, as condições do plano astral e assim conhecer, por iniciativa própria, o que era especulativo para a maioria dos Irmãos.

Somente nesses círculos as severas provas, que descrevemos parcialmente, eram obrigatórias para o candidato que era definitivamente preparado, por meio de instrução individual, para os Maiores e mais Sagrados Mistérios, os quais ficavam por trás de todo o esboço iniciático egípcio.

Exigia-se que o candidato para as provas internas, após um banho preliminar, (de onde se deriva a ideia do batismo cristão) vestisse traje branco, emblemático da pureza que dele se esperava, antes de ser levado à presença de um conclave de sacerdotes iniciados que estava numa espécie de abóbada ou caverna.

O candidato era inicialmente e formalmente, provado quanto ao seu desenvolvimento da faculdade de clarividência em que havia sido previamente instruído e se havia ensinado a despertar; para esse propósito, o candidato tinha de ler uma inscrição gravada num escudo de bronze cujo lado em branco era o que se apresentava para sua visão fixa. Depois, o candidato era deixado a sós, aguardando uma espécie de vigília, alguns mantras ou palavras de poderes superiores que lhe haviam sido ensinadas com o que se supunha obter o controle sobre certas classes de entidades e, durante essa vigília, várias aparições eram projetadas diante dele, algumas das quais, verdadeiramente aterrorizantes, enquanto outras eram de uma natureza sedutora, com o fim de mostrar aos iniciadores se o valor do candidato e seu sangue frio estavam sob um controle perfeito.

O candidato aproximava de sua visão essas projeções por meio de sinais e palavras adequadas de cada caso, mas ao final todas combinavam e caíam sobre ele ao mesmo tempo e nesse esforço final era instruído para fazer uso da mais alta palavra de poder, diante de que era possível vencer o mais terrível dos males.

Um curso de instrução acerca essas linhas era apresentado aos candidatos que os sacerdotes julgassem dignos, de modo que, ao final da sua educação, encontravam-se completamente versados no conhecimento do mundo astral e capacitados a manejar livremente seus poderes em absoluta consciência.

Os Mistérios de Serapis

O segundo grau dos Mistérios egípcios correspondia aproximadamente ao nosso Grau de Companheiro Maçon. Foram denominados Mistérios Maiores e posteriormente Mistérios de Serapis. Apuleio não nos oferece nada mais além quanto à descrição do que o fato em si da passagem de Grau.

A instrução nos Mistérios Maiores era levada mais além e mais profundamente quanto à ciência e à filosofia; um curso mais avançado de preparo intelectual era posto ao alcance dos estudantes, a que bem poderíamos chamar de pesquisa no âmbito das *"Sendas Ocultas da Natureza e da Ciência"*.

Ao mesmo tempo, o estudo da vida após a morte foi estendido até incluir o mundo céu para cujo interior todos deveriam estar a fim de receber um salário pelas boas obras feitas na Terra. Muito desse mais profundo conhecimento do plano mental era ensinado nos Mistérios Maiores, de igual modo que os feitos da vida astral haviam sido ensinados no Primeiro Grau, ou seja, por meio da representação e do drama.

O propósito dos Mistérios de Serapis era a vida individual do iniciado, era o controle da mente e o adestramento do corpo mental, e os poderes sacramentais invocados pelo cerimonial, cujo objetivo era a aceleração do dito desenvolvimento mental.

O Grau Oculto de Serapis

Por trás dos Mistérios externos, nesse Grau havia também os círculos secretos, totalmente desconhecidos daqueles que não houvessem passado pelo labor do Primeiro Grau; deles se participava da instrução prática sobre o desenvolvimento do corpo mental e do método de despertar a visão certeira no plano mental, para que o estudante ficasse capacitado a verificar por si mesmo os ensinamentos dos sacerdotes.

Em conexão com esse Grau poderia ser de interesse mencionar que no templo de Filae representa-se o corpo de Osíris com pés de milho saindo do mesmo, os quais um sacerdote rega com uma vasilha que traz às mãos. Uma inscrição explica que *"esta é a forma Daquele a quem não devemos por nenhum nome"*. Osíris dos Mistérios, que brotou das águas que regressam; esse simbolismo refere-se, entre outras coisas, ao aceleramento da vida interna em resposta ao poder derramado do alto.

O signo do Grau é igualmente encontrado em pinturas egípcias e é exatamente o mesmo que está em uso na maçonaria de hoje. Do mesmo modo que no Primeiro Grau, empregava-se uma média de sete anos nos Mistérios de Serapis, ao fim dos quais os candidatos que haviam passado por um exame silencioso e satisfeito os Hierofantes, de que estavam preparados para um ensino superior, podiam passar a Terceiro Grau.

Os Mistérios de Osíris

O Terceiro grau era chamado no Egito de Mistérios de Osíris e corresponde ao grau de M.M. do nosso sistema maçônico.

Apuleio descreve Osíris sendo *O mais poderoso Deus dos deuses maiores, o mais elevado dos maiores.*

No ritual egípcio, que era mais completo e impressionante do que a história tradicional conservada na Maçonaria moderna, o candidato teria de passar através de uma representação simbólica do sofrimento da morte e ressurreição de Osíris, que incluía a experiência desse deus entre a morte e a ressurreição, quando ele entrou no mundo de Amenta e converteu-se em juiz dos mortos, quem devia decidir quanta felicidade correspondia a cada alma e regressar para a encarnação terrestre para que necessitassem de um desenvolvimento humano de mais alcance.

A lenda da morte e ressurreição de Osíris era bem conhecida de todos no Egito, profanos ou iniciados e havia grandes cerimônias públicas, correspondentes às das nossas Sextas-Feiras da Paixão e Dia de Páscoa em países católicos, quando esses eventos místicos eram celebrados com o máximo esplendor e com a cordial devoção de todo mundo.

A história de Osíris não se encontra de nenhum lado numa firme conexão com a literatura egípcia, mas em todas as referências a todos os períodos de sua vida o calvário, a morte e a ressurreição são aceitos por fatos universalmente admitidos.

Tal parece que naqueles longínquos tempos não era permitido falar da tradição em nenhum detalhe, pelo menos aos estrangeiros, pois Heródoto disse:

"Também em Sais existe a tumba daquele a quem não creio seja piedoso nomear em conexão com tal assunto a qual está no templo de Atenas (Ísis) atrás da morada da deusa, estendendo-se ao longo de todo o muro do mesmo; e no sagrado recinto se erguem grandes obeliscos de pedra e feitos quase em forma de círculo, sendo em proporções, conforme me pareceu, igual ao que é chamado de 'Tanque redondo' em Delos. Sobre este lago, executam à noite, a representação de Seus sofrimentos e a isto os egípcios chamam Mistérios. Sei mais

completamente em detalhes como se levam a cabo, mas deixarei isto sem dizê-lo.

Deodoro escreve com igual resultado: Em dias remotos, conforme a tradição recebida pelos sacerdotes conservava como um segredo o modo da morte de Osíris, mas em tempos posteriores se chegou a saber, devido à indiscrição de alguns, que aquilo que estivera oculto em silêncio entre tantos era expresso no exterior entre muitos."

A Lenda de Osíris

O melhor relato esotérico da lenda foi conservado para nós por Plutarco, em seu tratado de Ísis e Osíris, escrito em grego, em meios do primeiro século da nossa era, uma vasta porção que ficou respaldada pelos textos de hieróglifos egípcios que foram decifrados pelos investigadores.

Pode resumir-se assim:

"Osíris foi um sábio rei do Egito, que se dedicou a civilizar gente e a redimi-la do seu anterior estado de barbárie. Ensinou-lhe o cultivo da terra, deu-lhe uma legislação e instruiu-o na veneração aos deuses. Quando viu que seu país prosperava, dedicou-se a ensinar outras nações do mundo. Durante sua ausência, o Egito foi tão bem governado por sua esposa Ísis que seu invejoso irmão, Titão, urdiu uma conspiração

contra ele, persuasindo outras setenta e duas pessoas que se unissem junto com uma certa rainha da Etiópia chamada Aso, que por coincidência estava no Egito por aqueles dias.

Ele mandou um formoso sarcófago com exatamente as mesmas medidas, introduziu ao meio da sua sala de banquetes quando Osíris estava presente, como convidado, e em tom de brincadeira, prometeu obsequiar a quem quer que fosse cujo corpo coubesse nele.

Todos os presentes na festa o provaram, mas já que o caixão não havia ficado bem em nenhum dos convidados, Osíris, que era o último, recostou-se nele e imediatamente os conspiradores o fecharam, amarrando-o bem e depois de tê-lo selado com chumbo, atiraram-no ao Nilo.

O assassinato de Osíris, dizem, teve lugar no décimo sétimo dia do mês de Athyr (Hathor), estando o Sol no signo de Escorpião e Osíris no vigésimo oitavo ano do seu reinado, ou melhor, da sua vida. (Notar-se-á que essa data marca o começo do inverno, quando o sol é misticamente assassinado pelas forças da escuridão e foi nessa data, correspondente ao festival de Todos os Santos, na Igreja Cristã, quando o povo do Egito ficou de luto pela morte de Osíris, assim como nós nos enlutamos na Sexta-feira da Paixão pela morte do corpo de Jesus em tal data).

A notícia da tragédia chegou a Ísis em Copos, ela cortou um cacho dos seus cabelos, vestiu-se de luto e saiu à busca do corpo de Osíris. Investigou que o sarcófago fora arrastado pelo mar até Biblos – não o Biblos da Síria – mas nos lodaçais do Delta, onde cresce o papiro, e que havia sido interceptado por uma árvore de tamarindo, que havia crescido tanto rodeando o sarcófago que já o ocultava totalmente e que, além do Rei do país, maravilhado pelo seu tamanho descomunal, cortara-o para convertê-lo em pilar para que sustentasse o teto do seu palácio.

Ísis foi a Biblos e trabalhou como pajem de um dos filhos do rei. Noite após noite punha a criança no fogo para que suas partes mortais se consumissem e logo ela se convertia em andorinha e lamentava a perda do seu esposo. Mas a rainha, por casualidade, viu a criança em chamas e gritou aterrorizada, tirando-lhe assim a oportunidade da imortalidade, que de outro modo lhe fora conferida.

A deusa identificou-se e pediu o pilar que suportava o teto, que, ao ser-lhe concedido, permitiu-lhe tirar o ataúde que continha o corpo de Osíris e o levou de regresso ao Egito, escondendo-o num lugar secreto, enquanto buscava seu filho Hórus. Mas, Titão, por infortunada coincidência, encontrou o sarcófago ao caçar sob a luz da Lua e reconhecendo o corpo de

Osíris, destroçou-o em catorze pedaços, espargindo-os pelo campo.

Quando Ísis soube, fez um bote de papiro e dedicou-se a encontrar os fragmentos do corpo.

Osíris retornou do outro mundo e apareceu a seu filho, Hórus, dando a ele instruções para combater Titão.

A batalha durou muitos dias e ao longo da disputa, Hórus venceu. Finalmente, "Osíris converteu-se em rei do baixo mundo e juiz dos mortos."

Essa lenda, como mostra o histórico tradicional, variou em interpretações por aqueles que não a entenderam, pois não foi mencionada claramente uma ressurreição no relato de Plutarco, mas simplesmente um vago regresso dos mortos. Isso representa, entretanto, uma versão muito tardia da tradição, versão que está materializada e desfigurada mais além do todo reconhecimento, e, nos Mistérios de Osíris a lenda esteve mais de acordo com os fatos reais do mundo espiritual.

Ainda nas inscrições egípcias que foram decifradas, existem claras indicações da ressurreição. O principal apontamento da lenda verdadeira foi a morte de Osíris a mando de Set; a fragmentação do seu corpo em duas vezes sete partes, representando o abrir dos sete raios ou tipos de manifestação consequentes do declínio do Logos à matéria; a busca de Ísis e o achado das várias porções do corpo; a reconstrução e o ressurgir de Osíris por meio da terceira das três sucessivas tentativas até a triunfante imortalidade e ressurreição eterna.

Foi igualmente nessa etapa que se estudou a função de Osíris como juiz dos mortos e a vinheta no papiro de Ani, do juízo de Osíris. Do mesmo modo, o colocar na balança o coração de Ani contra a pluma da verdade representa o ajuizamento da alma pelos Senhores do Karma.

Se a alma estava puríssima, se desejava a passagem para a imortalidade, mas se não dizia a verdade era mandada ao monstro Amemit, "o devorador" e era tragada outra vez no céu de geração, para reencarnar de novo sobre a Terra em outro corpo. Ainda que esses símbolos e lendas fossem conhecidos no mundo inteiro, seu verdadeiro significado interno era explicado somente aos iniciados do Terceiro Grau.

A história de Osíris assim também a de Mitra e dos demais deuses solares (entre os quais alguns autores incluem o mesmo Cristo), é fequentemente considerada simplesmente feito uma apoteose dos processos da Natureza, bem conhecidos por um povo agrícola. Assim é como Plutarco disse que Osíris era tomado como Nilus, o rei Nilo; Ísis, como a Terra do Egito, periodicamente fertilizada pelas subidas daquele, ou seja, suas inundações.

Astronomicamente, Osíris era o Sol, Ísis, a Lua e Tifão a escuridão do Inverno, que ao triunfar destruía os poderes fertilizantes do Sol, impedindo que desse sua vida ao mundo. É a história universal do deus Sol, que, depois de uma luta pela existência e o desenvolvimento do seu poder no início do ano, ao final se ergue em triunfo no alto céu ou Zenith de sua glória e aplica sua vida a todas as criaturas, amadurecendo o milho e a uva, somente para dar lugar, uma vez mais, ao avanço do Inverno.

O Sol nos céus, como a vida total no mundo, tem por plano esse ciclo de morte e ressurreição; e a vida pequena na semente segue um processo similar – germina e chega ao fruto, que é colhido e sacrificado para a nutrição do homem e outras criaturas. Mas, assim como Tifão não destruiu totalmente Osíris, deixando os fragmentos do seu corpo pelos quais sua vida foi posteriormente renovada, assim o homem não come todo o milho, senão, conserva uma parte para semeá-la de modo que reincide o processo da vida.

O homem, por sua vez, cresce através do mesmo ciclo de mudanças: infância, maturidade e velhice; tampouco escapa do sacrifício que caracteriza toda vida, mas renasce uma vez e outra vez, conforme seu ciclo de reencarnações.

A história da semente é como a do homem comum, mas a história do Sol é como a do homem que se está tornando divino.

Nos Mistérios egípcios chamaram-no de osirificado e os místicos cristãos referem-se a ele como unificado ao Cristo, igual a que São Paulo falou a seus adeptos: *Pequenos meus, dos quais sofro as torturas do parto uma e outra vez, até que Cristo fique formado em vocês.* (Gálatas: 4, 19)

O que distingue o sacrifício divino dos sacrifícios terrestres é que é voluntário. É por isso que sempre se proclamou que o método humano para se alcançar a divindade é a ausência de egoísmo e o sacrifício pessoal a favor dos demais. E toda história de Cristo e de Osíris não é mais do que um breviário do mais saliente e um exemplo de como esse sacrifício pode ser expresso em termos de vida humana sobre a Terra, assim como é nos céus.

As investigações do iniciado nos Mistérios de Osíris eram estendidas ainda mais além, até incluírem a verdadeira morada do homem, essa tão elevada seção do mundo mental ou celeste em que o ego funciona em seu corpo causal. E ao mesmo tempo a cerimônia da elevação era explicada, em muitos extratos de interpretação, como o descer do Logos à matéria; sua morte e enterro místicos e sua elevação de novo ao reino que não tem fim e também como o descer pessoal da alma até os corpos; sua ressurreição da morte, em vida, dos mundos inferiores da forma e sua reencarnação sobre a terra uma vez mais.

Os signos dos Mistérios de Osíris eram quase os mesmos como agora os temos, ainda que os signos de reconhecimento e de ordem sejam os que se usavam nos trabalhos escoceses e americanos, mas as palavras eram diferentes, sendo muito mais positivas em seu caráter. Os toques, as manchas e as baterias eram idênticos aos que usamos agora e o da saudação ficou também sem mudança.

Os Mistérios Internos de Osíris

Havia também um círculo interno no seio desse Grau, em que a instrução prática era elevada até o mais elevado plano mental, para que o Iniciado, perfeitamente adestrado nos Mistérios de Osíris, adquirisse plena consciência do seu ego, mais além das limitações da vida pessoal única, que é tudo o que a maioria do povo conhece. A Posição do Mestre.

Mais além do Terceiro Grau, as várias linhas de progresso nos Mistérios bifurcavam-se. Havia cargos nas Lojas que se estendiam durante muitos anos, deixando o fruto do seu esplêndido adestramento aos que o exercessem.

Cada oficial numa Loja tem seu próprio trabalho especial a desempenhar, seu peculiar aspecto da Deidade a manifestar, seu próprio poder sacramental a transmitir à Loja de que faz parte. O curso de adestramento passando por postos sucessivos era e é, portanto, de inestimável valia para adquirir certo desenvolvimento de caráter que cubra todas as faces necessárias.

No cimo do antigo sistema maçônico existia o grau de Mestre Instalado que dava muitíssimo poder do que o que fora conferido ainda nos Mistérios de Osíris e que capacitava o mestre a chegar a ser hierofante dos Mistérios, por sua vez, podendo instruir e adiantar seus H.H., na secreta sabedoria do Egito.

Em casos comuns essa esplêndida posição era obtida somente quando já se havia avançado nos anos e no tempo em que o mestre havia dirigido sua Loja, chegando a adquirir valioso treinamento que bem poderia ser a mais valiosa experiência que se permitia avançar no curso da sua evolução, muito mais do que o fariam várias vidas ordinárias.

A mesma sucessão nos foi transmitida até hoje dentro da Maçonaria e todo Mestre Instalado está na posse do poder dos sacerdotes egípcios da antiguidade; se bem que se também possuísse o conhecimento dos sacerdotes egípcios poderia fazer muitíssimo melhor uso de tal poder.

Os Graus Superiores dos Mistérios

Mais além do ensino e do adestramento proporcionados pelos Mistérios, classificados nos três graus já considerados, os hierofantes também tomavam por sua conta instruir e guiar os aspirantes que demonstravam ser aptos para ir ainda mais adiante.

Não podemos dizer que houvesse no Egito alguns graus organizados mais além do terceiro, o de Osíris, mas sim, que havia ensino individual que conduzia à aquisição de maiores poderes e à formação de graus com seres dos mais elevados níveis.

Os mais altos graus do Antigo e aceito Rito Escocês de nossos dias (que, talvez, fossem estabelecidos por volta do Século XVIII, quando se formou o Rito da Perfeição) refletem, em certo limite as mais avançadas linhas de progresso que existiram no Egito.

Maçonaria Vermelha nos Mistérios

Para aqueles Mestres Maçons, que conforme a opinião dos sacerdotes em suas funções, fundou-se o que agora chamamos de Maçonaria Vermelha é o ensino que agora está incluído em nosso Real Arco e graus relativos, culminando na esplêndida investigação (busca) dos Cavalheiros da Rosa-Cruz acerca do mundo perdido, a verdadeira divindade do homem.

No ensino simbólico correspondente ao nosso grau do Sagrado Real Arco, ensinava-se ao aspirante desfazer-se nos níveis de sua consciência, de todos os véus que ainda obstruíssem sua visão da realidade e, logo em poder dessa visão, reconhecer por si mesmo a Luz Oculta em todas as formas, sem importar como tão profundamente pudesse estar enterrada e escondida para os olhos físicos.

Isso era tipificado como uma viagem para cima, durante a qual se cruzavam quatro véus e logo por uma pesquisa para baixo em busca de uma abóboda escondida, profundamente enterrada no solo, em que estava simbolizado o nome de Deus.

O propósito central dessa etapa era um propósito dar-se conta, em consciência, de que os muitos são Uno. Era mais ou menos sabido entre os não iniciados do mundo de fora que todas as estranhas deidades do Egito eram, na realidade, manifestações de Una, mas com toda probabilidade eles não se deram conta do fato da unidade com absoluta clareza. Ao que correspondia ao Real Arco do Egito, encontramos que Deus era imanente em todas as coisas e havia descido até o mínimo em que pudesse chegar a existir.

O poder adquirido nessa etapa capacitava o candidato a se dar conta dessa grande verdade, com alguma profundidade e certa expansão de consciência lhe era dada para apressar o desenvolvimento do princípio institucional interno, e desse modo era ajudado a reconhecer a divindade nos demais.

Havia um considerável intervalo entre essa etapa e a seguinte, durante a qual o candidato recebia instrução dos sacerdotes e praticava a meditação acerca do que havia aprendido. Gradualmente, chegava-se a dar conta de que, ainda que houvesse encontrado o Divino Nome e tivesse contato, ele mesmo, com a Luz Oculta de Deus, abria-se profundo campo de investigação em que chegaria mais fundo dentro da consciência e o ser da deidade. Seria então, quando iniciaria sua segunda grande busca que o levaria por numerosas etapas, durante as quais diferentes atributos da Deidade seriam estudados e até certo ponto compreendidos, até que culminasse na magnificente iluminação outorgada a que hoje chamamos de décimo oitavo grau, o de Soberano Príncipe da Rosa-Cruz daqui.

O candidato então encontraria o Amor divino reinando no seu próprio coração e no dos seus H.H. Também saberia que Deus havia descido e partilhado da nossa mais baixa natureza a fim de que pudéssemos ascender a participar com Ele da Sua verdadeira natureza.

Esse elo fazia-se, todavia, aos H.H. da Rosa-Cruz e cada um chegaria, a seu modo, ao centro radiante desse amor, esquecendo-se de si mesmo ao máximo em favor dos demais.

Os esplendentes e purpúreos Anjos da Cruz Rosada, que agora assistem aos nossos Soberanos Capítulos e derramam através deles a plenitude do seu amor dirigido ao auxílio do mundo, eram também conhecidos no antigo Egito e estavam conectados aos soberanos Príncipes e com seus altos princípios, para que seu seráfico amor também ficasse às mãos para que fosse distribuído em bênçãos.

O candidato era confiado a eles como seus guardiões e precisava dar conta da sua unidade com os Anjos, assim como com seus H.H.

A essa altura, a intuição do candidato, essa oculta sabedoria que é Hórus ou o Cristo morando no homem, era imensamente acelerada e excitada, para que o candidato chegasse a ser, até certa medida, uma manifestação do amor eterno que nas últimas datas foi chamado *"o Cristo"* e assim estar capacitado a trabalhar a natureza emocional, que é um reflexo parcial desse amor na matéria do mundo astral, como para levar em poder do amor a alturas a que nunca havia chegado.

Agora se convertia em verdadeiro sacerdote, capaz de fazer rebaixar e espargir o amor divino para auxiliar o mundo.

Contudo, um grau mais elevado desse extraordinário poder capacitava o H.H. a conferir essa expansão da consciência e transmitir esses esplêndidos elos de contato aos demais. É esse o poder reservado em nossos Soberanos Capítulos ao Sap Mestre e aos que passaram o Trono no grau Rosa-Cruz.

Maçonaria Negra nos Mistérios

Poucos dos nossos H.H. Egípcios parecem ter passado mais além da Rosa-Cruz, pois somente alguns tantos necessitavam de algo mais do que a esplêndida revelação do amor eterno, o Amor de Deus que eles recebiam, o que chamamos de Grau Décimo Oitavo. Mas, para esses poucos que pressentiam que ainda havia mais a aprender acerca da natureza de Deus e que com ânsia desejavam compreender o significado do mal e do sofrimento e de sua relação com o plano divino, existia o protótipo da nossa Maçonaria Negra, o ensino e progresso compreendidos em nossos graus do décimo nono ao trigésimo.

Essa seção dos Mistérios ocupava-se principalmente do karma em ação, nos seus diferentes aspectos, estudando como lei de retribuição, a partir de certo ponto de vista, obscuro e terrível.

Esse é o miolo da verdade que está atrás dos elementos de vingança no grau do Cavalheiro Kadosch. Os aspectos obscuros do karma estão em grande parte conectados com a ignorância humana sobre a natureza de Deus e a confusão a respeito das muitas formas pelas quais Ele Se revela, e desse modo os signos do grau 30 albergam o coração da filosofia cármica.

Tal grau não seria pleno e validamente conferido a menos que esses signos fossem devidamente comunicados, já que expressam a significação e propósitos internos do Karma.

Na antiga instrução correspondente a esse grupo de graus ensinava-se que o que se semeia se colhe, ao se semear o mal, o resultado será doloroso para quem o semeou.

Estudava-se também o karma das nações e raças, e as modalidades de ação da lei cármica em diferentes planos era investigada por meio da visão interna e mostrada ao estudante.

O total do que hoje chamamos Maçonaria Negra conduzia a uma explicação do karma como justiça divina, a qual foi preservada para nós à sombra do que agora é o grau 31, o do Grande Inspetor Comandante Inquisidor, cujo símbolo é uma balança.

No Egito era essa tomada como o perfeito equilíbrio da justiça divina, o aspirante aprendia que todo o mal e horror, associados com karma em ação, baseava-se na justiça perfeita, ainda que haja aparecido como mal ante a pequena visão do profano.

Assim é que o primeiro período da elevada instrução, o da Rosa-Cruz ou Maçonaria Vermelha, era dedicado ao conhecimento do bem, enquanto que o segundo, o do Kadosch ou Maçonaria Negra, era dedicado ao conhecimento do mal. Logo, nos passos iniciais do que chamamos Maçonaria Branca, corando toda a gloriosa estrutura, o candidato aprendia a ver a justiça básica desse eterno Deus, Amon Rá, que o mesmo está atrás tanto do bem quanto do mal.

Em dias remotos, antes do kali yuga, em que o mal predominava sobre o bem, os Cavalheiros Kadosch vestiam-se de amarelo em vez de negro, para seu ofício.

Nosso grau 30 conecta o Cavalheiro Kadosch ao ramo diretriz melhor do que com a instrutora da Grande Hierarquia. O Cavalheiro deve converter-se em centro radiante de energia perene, que é para lhe dar força a fim de se sobrepor ao mal e para fazer de si um autêntico poder do lado do bem.

A cor da influência que prevalece é o azul elétrico (do Primeiro Raio, totalmente diferente do azul das Lojas Azuis ou Simbólicas) orlado com ouro, ainda que figure palidamente o rosa do grau 18. Existem também, associados com o grau de Grandes Anjos Azuis do Primeiro Raio, que emprestam sua força ao Cavalheiro em forma parecida com os Anjos púrpura, que auxiliam os Excelentes e Perfeitos C.C. da Rosa-Cruz.

Um nível mais elevado da mesma energia é transmitido ao que hoje deveríamos chamar o Trono do

Comandante Superior, quem tem a capacidade de transmitir a graça sacramental do grau aos demais.

Maçonaria Branca nos Mistérios

O mais elevado e último dos grandes poderes sacramentais dos Mistérios que nos foram transmitidos é o que se conhece no grau 33, o do Soberano Grão Inspetor Geral. No antigo Egito havia somente três que ostentavam o equivalente a esse grau supremo, o faraó e outros dois, formando com ele um triângulo interno que era o coração de todo o sistema dos Mistérios e o canal para eles da Luz Oculta, proveniente da Loja Branca. Os três eram altos iniciados da Grande Irmandade Branca e o faraó possuía um nível ainda mais elevado de poder do que o usualmente outorgado no grau 33, o de Soberano Ungido e Coroado.

Pode se dizer que os H.H. da mais alta Ordem tinham passado de uma concepção da justiça à certeza do conhecimento e à plenitude da glória divina na Luz Oculta. O grau 33 conecta o Soberano Grão Inspetor Geral com Poderoso Rei Espiritual do Mundo – o Poderoso Adepto que está à cabeça da Grande Loja Branca e em cujas mãos fortes estão os destinos da Terra, e, desperta os poderes do Triplo espírito até onde podem ser despertados na atualidade.

O ato de conferir um grau era e é uma grandiosa experiência quando se mira com a visão interna, já que o Hierofante dos Mistérios (quem nesses dias modernos é o G. M. de Ger.) situa-se acima ou junto do Iniciador nessa extensão da Sua Consciência que é chamada Anjo da Presença.

No caso em que quem recebe o grau seja um Iniciado, a Estrela (chamada no Egito de Estrela de Hórus) marca a aprovação do Iniciador único, que uma vez mais flameja por sobre ele com toda a sua glória, enquanto que os dois grandiosos anjos brancos do rito entregam seu cintilante esplendor proveniente de lugares celestiais e mostram-se descendo ao nível etéreo para poder dar uma bênção ao candidato.

O Hierofante executa as conexões reais tanto consigo mesmo quanto com o manancial do poder separado para o trabalho da Irmandade Maçônica e, através dele mesmo, com o Poderoso Rei cujo representante é Ele, enquanto que os grandiosos Anjos brancos da Ordem, pela vida ficam como guardiães de H. Ele tem na mão direita uma aura de luz branca brilhante com dourado e representa Osíris, o Sol e a vida, o aspecto positivo da Deidade, ela na mão esquerda tem uma aura de luz semelhante, com laivos de prata e representa Ísis, a Lua e a Verdade, o aspecto feminino ou negativo da glória divina.

O poder deles é austero e esplêndido e dá força para poder atuar com decisão, certeza, valor e perseverança no plano físico. Pertencem às ordens cósmicas de Anjos, os quais são comuns a outros sistemas solares afastados do nosso e seu senso de consciência permanente será no plano intuitivo, ainda que suas formas possam ser vistas sempre, pendendo sobre a cabeça do iniciado desse grau em nível mental elevado. Deve lembrar-se de que na realidade não existe sexo nesses grandiosos Anjos e não obstante um deles é preponderantemente masculino na aparência e o outro preponderantemente feminino.

Quando eles o consideram adequado, materializam-se mental e astralmente – como nas maiores cerimônias na Loja – e estão sempre prontos para outorgar sua bênção a qualquer hora que seja invocada. São inseparavelmente uno com o Soberano Grão Inspetor Geral, conectados ao seu eu elevado, para nunca desertar, a não ser que por indignidade ele os abandone primeiro e os afaste.

Os símbolos do Sol e da Lua veem-se hoje nas luvinhas do Soberano Grande Inspetor Geral e fazem referência a esses poderes angélicos nos mundos internos.

Os poderes associados com o grau 33 parecem ter sido ligeiramente modificados desde os tempos antigos do Egito.

Os grandiosos Anjos brancos parecem ser mais austeros e mais acolhedores no antigo Egito; os que agora pertencem ao grau, de certo modo são mais suaves, se bem que seu poder não seja menos esplêndido.

Essa etapa combinava o maravilhoso amor de Hórus, o Filho, com a inefável vida e força de Osíris, o divino Pai e Ísis, a mãe eterna do mundo. E essa união do amor com a força é, todavia, sua mais saliente característica. Poder similar é conferido àqueles que acolhem a sua influência, um pouco abaixo do grau da primeira Grande Iniciação; por sua vez aqueles que possuem o grau 33 deveriam com firmeza aperfeiçoar-se para alcançar esse nível o mais rápido possível.

Nos grandiosos tempos dos Mistérios, na realidade essa etapa era acessível tão só aos Iniciados e cremos que assim devêssemos fazer agora. Do mesmo modo seria conveniente que o maravilhoso dom do episcopado devesse ser conferido somente a membros da Grande Irmandade Branca.

O poder do grau, ao operar, apresenta-se numa aura de brilhante branco e ouro, envolvendo nela o rosa e o azul do Rosa-Cruz e Kadosch e também manifesta esse peculiar tom de azul elétrico que é o signo especial da presença do Rei.

O Soberano Grão Inspetor Geral é o "Bispo" da Maçonaria e se, de verdade, vive a vida do grau, deve ser um centro eternamente radiante de poder, um autêntico sol de luz, vida e glória, onde quer que vá.

Tal era mais santo dos poderes sacramentais conferidos nos Mistérios do antigo Egito, tal é o mais alto grau que é reconhecido por nós na Maçonaria atual, entregue em sua plenitude somente a alguns tantos.

A oportunidade apenas a alguns tantos

A oportunidade de desfrutar dessa sublime glória está aberta para todos que recebem o grau; a que tão longe se leve e que se empenhou desse poder, é assunto que está exclusivamente em mãos do H., uma vez que para empregar o poder como é devido, necessita-se de alto desenvolvimento espiritual e uma vida de constante humildade, observância e serviço. Se o invoca para o serviço dos demais fluirá docemente através do auxílio do mundo. Ao descuidar do poder, ele ficará em letargo e os elos, sem uso, e, aqueles que se encontram atrás, afastar-se-ão dele em busca de outros de melhor valia. O poder do grau 33 é um verdadeiro oceano de glória, força e doçura, pois é o poder do Rei, do Senhor que governa sobre a terra como sub-gerente do Logos de eternidade em eternidade.

As Etapas da Senda Oculta

A Loja da Grande Irmandade Branca esteve sempre secreta e caladamente guardando com zelo os Mistérios do Egito neste país, protegendo-os e em empregando-os por canal da Luz Oculta, cuja radiante existência foi desconhecida a todo aquele que ficasse fora dos círculos internos.

A Irmandade selecionava para a iniciação do interior de suas filas somente os que haviam preenchido os requisitos ancestrais que eram impostos a todo candidato desse elevado grau.

As condições de idoneidade para o grau estavam estatuídas na Parte 1, do Manual de Instrução. Oculta, agora o chamado "Luz no Caminho" que representa os ensinamentos da Loja Egípcia. Portanto, os candidatos eram geralmente escolhidos dentre os H.H. que haviam recebido essa elevada instrução e se haviam preparado com muitos anos de meditação, estudo e serviço. Ainda assim, às vezes, acontecia que alguém fosse escolhido para a Iniciação sem que houvesse percorrido as passagens externas dos Mistérios, mas que, em vidas anteriores, se tivesse preparado era considerado, já que é o ego o que recebe a Iniciação, não a personalidade dos planos inferiores.

Sempre existiram cinco grandes Iniciações, que nos ensinamentos cristãos foram ilustradas por etapas na Vida de Cristo tal qual se relata nos Evangelhos que contêm elementos derivados dos ensinamentos dos Mistérios egípcios.

O discípulo Jesus foi um iniciado da loja Egípcia e pelo mesmo, muito do simbolismo egípcio foi adotado por seus adeptos e posteriormente tecido na trama do Evangelho.

Em "Mistérios e o caminho" descrevi algumas das cerimônias de Iniciação em uso atual na Grande Irmandade Branca. Quanto à sua forma, os rituais egípcios diferiam em certos aspectos, ligeiramente das atuais cerimônias, sendo idênticos em essência em razão da Loja Egípcia possuir a tradição transmitida desde os iniciados da Atlântida, algo modificada, depois para se adaptar às necessidades da lenta evolução humana da raça ariana.

As Primeiras Três Iniciações

A primeira das verdadeiras iniciações internas era chamada Nascimento de Hórus e correspondia nessa grande religião ao nascimento de Cristo em Belém, conforme a apresentação cristã. Hórus nasceu de Ísis, a Mãe Virgem, ao seu nascimento a Estrela encheu-se de brilho e as hostes Angélicas entoaram seu cântico de triunfo; a criança foi adorada por pastores e sábios e salvaguardada do perigo que a cercava desde o exterior. Em *"O Livro dos Mortos"* está assentado: *Conheço o poder do Leste, Hórus o da Elevação Solar, a Estrela do Amanhecer.*

A história do iniciado é a história do Deus Sol, o Cristo universal que nasce no coração do homem e Seu nascimento místico é a finalidade da Primeira Grande Iniciação.

Se o candidato ainda não tivesse passado por elas, como a maioria dos estudantes nos Mistérios o havia feito, tinha de se submeter às provas de terra, ar, água e fogo; nessa etapa aprendia com absoluta certeza que nenhum desses elementos poderia fazer-lhe qualquer dano e em caso nenhum no corpo astral.

Tudo isso era preparação para começar o serviço no plano astral, uma vez que o iniciado tinha de se adequar a si mesmo para chegar a se converter num destro e útil servidor da Humanidade nesse mundo e no outro.

A Segunda Grande Iniciação corresponde ao período da vida de Cristo que é tipificada pelo Batismo em que vem uma ampliação das faculdades intelectuais, do mesmo modo que o resultado da Primeira Iniciação foi uma maravilhosa expansão da natureza emocional. É nessa altura, quando a prova interna tipificada pela tentação no deserto tem lugar na vida do candidato. Logo, vem o esplendor da Transfiguração, quando a Mônada desce e transforma o ego à semelhança de Sua própria glória.

A Quarta Iniciação

A Quarta Grande Iniciação corresponde à Paixão e Ressurreição do Cristo. O candidato tem de passar pelo vale da sombra da morte, suportando os máximos sofrimentos e solidão para poder se levantar para sempre até a plenitude da imortalidade.

Essa tremenda e valiosa experiência é a realidade que se reflete a uma distância quase que infinita no grau de M.M. que, por meio do portal da morte é elevado à eterna glória da Ressurreição.

Certas partes do ritual dessa quarta iniciação, de acordo com o rito egípcio, foram curiosamente misturadas com os ensinamentos cristãos e chegaram a ficar enormemente materializadas ou desfiguradas de um modo parecido à desfiguração da lenda de Osíris no Egito mesmo.

O ritual dessa parte da iniciação era: o candidato será atado à cruz de madeira, morrerá, será enterrado e descerá às entranhas da terra, depois do terceiro dia será recuperado dos mortos e levantado até o céu para colocá-lo à mão direita Dele de quem ele veio, tendo aprendido a guiar (ou governar) os vivos ou os mortos.

Durante a cerimônia, o candidato por si mesmo recostava-se sobre uma cruz de madeira, fabricada côncava para receber e suportar seu corpo.

Seus braços eram ligeiramente atados com cordões cujos extremos eram deixados frouxos para evidenciar a natureza voluntária do sacrifício. Então, o candidato entrava em transe, deixava o corpo físico e entrava em plena consciência no plano astral.

Seu corpo era baixado ao interior de uma abóbada sob o templo e era colocado num imenso sarcófago, onde ficava durante três dias e três noites no coração da terra.

Durante a morte mística do corpo, o candidato tinha muitas estranhas experiências no mundo astral e pregava aos "espíritos prisioneiros", aqueles que recentemente haviam deixado o corpo ao morrer e ainda estavam condenados a suas paixões e desejos.

Na manhã do quarto dia do enterro, o corpo do candidato era levantado da sua sepultura e trazido ao ar exterior, do lado oriental da grande pirâmide, para que os primeiros raios do Sol nascente o despertassem do seu longo sonho.

Na altura dessa Iniciação o candidato era elevado ao "céu" para receber uma expansão de consciência no plano espiritual, amiúde chamado tímico a nirvânico. É o plano da união absoluta e tal consciência conhece tudo a partir do interno, é una com o todo e está no todo. Desse modo, o Iniciado era convertido *"na mão direita daquele de quem veio"*, ficando agora comprometido para sempre ao serviço de Deus e do homem e daqui em diante seria seu trabalho guiar os vivos e os mortos até a Luz Oculta, única em que há paz.

A grande verdade de que todo o poder que se adquire é somente prestado em confiança, para ser usado como meio de ajudar os demais, não foi nem mais clara nem mais grandiosamente apresentada na

Luz Oculta na Franco-Maçonaria que derivou de certas correspondências entre os três graus da Maçonaria azul e as Grandes Iniciações, mostrando que a iniciação do Aprendiz Maçon reflete a grande passagem de entrada na senda da provação ou do iniciado, que ao passar pode ser comparado com a Primeira Grande Iniciação e que a Elevação assemelha-se à Quarta.

Podemos agora agregar os Mistérios do Egito e planificar o seguinte quadro de correspondência, se perder de vista, é claro, as vastas diferenças de nível que existem entre essas Ordens e as etapas do Caminho:

Os graus maçonicos	Os mistérios	O caminho
A	Isis	Noviço
C	Serapis	Iniciado
M	Osiris	Arhat

A Quinta Iniciação e a Superação

Resta somente mais uma etapa antes de lograr a perfeição humana, o que se tipifica por meio da Ascensão ao céu. Nessa Quinta Iniciação, o Adepto ascende acima de toda vida terrestre e converte-se em Uno com esse aspecto da Deidade que no Cristianismo chamamos Deus, o Espírito Santo e ainda existem estados de maior elevação, passagens na Senda, ainda que não pertençam à elevação humana, mas ao desenvolvimento do homem superior, ainda que nossas cerimônias maçônicas reflitam simbolicamente algo daquelas glórias superiores, dando a chave de todo o extenso plano.

Muito mais além do grau de Adepto, Ele, que é o Cristo, estabelece-se como o Senhor do Amor, Mestre dos Anjos e homens e quanto a essa interpretação, Seu alto estado evoluído reflete-se no grau 18, que é essencialmente um grau de ser Cristo, um grau crístico. Igual a Ele, mas no Raio de Mundo, está o Manu, cuja ordem é refletida a uma distância quase familiar no grau 30 e como uma coroa de toda a Hierarquia reina do Iniciador Uno, cuja vida, luz e glória são vislumbradas no esplendor do grau 33. Assim, no pano maravilhoso da Iniciação maçônica está uma sombra das coisas vistas além e acima *"na Elevação"* e aqui está a grandeza de nossa poderosa fraternidade e sua valia com a conexão com a humanidade.

Bem mais abaixo existem ainda correspondências. O grau 18 significa amor e beleza reluzentes, os quais têm como espelho a posição do Segundo Vigilante. O grau 30 outorga uma superabundância de força, que se tipifica por meio da coluna do Primeiro Vigilante, enquanto que a sabedoria e a simpatia que tudo abarcam, pertencentes ao grau 33, devem ser refletidas na atitude do Santíssimo Mestre da Loja.

Capítulo III

Os Mistérios Cretenses

A Unidade dos Mistérios

O conjunto de teorias e práticas a que chamamos *"os Mistérios"* existiu em muitos países e em diversas formas das quais a maioria influiu na Franco-Maçonaria em maior ou menor extensão. Apesar dos amplamente esparzidos, sua unidade de origem pode captar-se no fato de que tinha um esquema de desenvolvimento que era sempre o mesmo, se bem mostrassem divergências em assuntos de pouca importância.

Naqueles dias, como no presente, um H. de uma jurisdição de outro lugar que desejasse fazer uma, tinha de se retesar à porta da Loja, pois não importa que diferenças tenham havido nas modalidades externas do ritual, os signos foram sempre os mesmos, já que são as chaves para os poderes sacramentais por trás de todos os sistemas de Mistérios.

A Vida na Antiga Creta

Um dos mais fortes exemplos dessa unidade pode achar-se em Creta, onde os comparativamente recentes descobrimentos de Sir Arthur Evans trouxeram à luz muitas formas e símbolos maçônicos, com muitíssima semelhança com os do Egito.

A antiga Creta divida-se em três partes ou Estados: Knossos, Goulas e Polurheni.

O rei de Knossos era o rei em chefe de toda a ilha, uma vez que os governantes dos outros Estados o reconheciam por conselheiro e guia, ainda que fossem autônomos no manejo de seus próprios assuntos internos. Havia também, ao Sul da ilha, uma cidade independente com um território de aproximadamente alguns tantos quilômetros. Todos esses reis eram também sacerdotes ex-ofício, como no Egito, e o palácio do rei era sempre o templo principal de seu Estado.

O povo adorava uma Divindade dual: Pai-Mãe e ambos eram considerados uno, se bem que alguns depositavam sua devoção mais no aspecto Pai, enquanto outros preferiam Mãe.

Quando separado mencionava-se o aspecto Pai, chamava-se Brito e por sua vez Diktynna, a mãe. Não se fizeram estátuas dessas deidades, mas há um objeto de grande reverência a seu símbolo, que era um castiçal de metal com um cabo e duas cabeças montado numa base de pedra e colocada nos templos onde normalmente alguém esperaria encontrar uma estátua.

No que se refere à escritura dessa época, a deidade dual era representada por um esboço convencional do labrys que era o nome do castiçal, razão pela qual o famoso labirinto fora construído, para informar ao povo da dificuldade de se achar a Senda que conduzia a Deus.

Grande parte do serviço religioso era realizado ao ar livre. Vários picos notavelmente isolados foram vistos como sagrados para a Grande Mãe e o rei e seu povo dirigiam-se a um ou outro deles em certos dias de cada mês e em uníssono diziam suas loas e suas preces. Fazia-se uma fogueira e cada qual tecia uma coroa de folhas e a usava por um momento para depois atirá-la ao fogo como uma oferenda ao Deus Mãe. Cada um desses cimos celebrava um festival anual, uma espécie de feira popular, pseudorreligiosa, a que chegavam pessoas de todas as partes da ilha para comer ao ar livre por dois ou três dias e gozar plenamente.

Em algumas ocasiões, sob uma velha e enorme árvore de forma raramente perfeita, que era considerada consagrada para Diktinna, faziam-se oferendas e queimava-se muito incenso que se esperava fosse absorvido pelas folhas para que o aroma permanecesse na árvore e quando a folhas caíssem no Outono, fossem recolhidas e distribuídas entre a população, que as considerava talismãs protetores contra o mal. É inegável que essas folhas tinham forte fragrância, ainda que não se soubesse até que ponto era devido ao incenso.

O povo possuía características raciais obviamente gregas, vestia-se simplesmente, pois para o diário, a vestimenta masculina consistia de uma tanga e para as festividades religiosas ou outras vestiam primorosos trajes oficiais.

As mulheres usavam um vestido que cobria todo o corpo e que na sua parte inferior dava a impressão de ser uma fralda dividida.

O interior da ilha era montanhoso com a Sicília e tinha muitos locais atraentes pela beleza.

A arquitetura era sólida e as casas ordenadas de forma curiosa.

Ao entrar chegava-se diretamente a um grande vestíbulo tal qual o de uma igreja onde a família por completo e os serviçais passavam todo o dia, e a comida fazia-se num rincão.

Às costas estava uma passagem coberta (como nas casas de Java hoje) que conduzia ao que, de fato, era um edifício separado, onde estavam os quartos dormitórios, que eram muito pequenos e escuros – simples cubículos, mas com uma abertura de aproximadamente sessenta centímetros ao redor do quarto, perto do teto, de modo que havia muita ventilação.

Ao redor da parede dessa passagem, sob o teto, geralmente corria um friso de baixo-relevo colorido, uma procissão executada, na maioria dos casos, num estilo de máxima inspiração.

Os edifícios eram de granito, assim também muitas das estátuas; outras eram de pedra suave, de cobre ou de madeira. O principal metal que usava essa raça era o cobre, ainda que também usasse o ferro.

A olaria era completamente peculiar: todas as peças mais comuns eram feitas de barro amarelo-claro, com todo tipo de desenhos, pintados geralmente sobre uma larga margem branca ao redor do centro do utensílio, e as cores empregadas eram quase sempre o vermelho, o café e o amarelo e raramente, azul ou verde. Esses eram os utensílios comuns da casa, mas para a mesa, usavam a porcelana e o vidro, ambos muito bem trabalhados.

A maior parte da vidraria era verde-azulada, como algumas da velha vidraria veneziana, não incolor como a nossa.

A gente rica usava finos utensílios de ouro, maravilhosamente gravados e, às vezes, com incrustações de pedras preciosas. Eram muito hábeis no trabalho de joalheria de qualquer tipo e criavam intricados adornos. Não se via entre eles nem diamantes nem rubis, principalmente, ametistas, jaspes ou ágatas. Muitos dos ornamentos eram evidentemente importados, pois tinham estatuetas e modelos talhados em marfim.

Usavam dois tipos de escrita correspondentes à escrita hieroglífica e demótica no Egito, mas bem diferentes da egípcia.

Um sistema decimal era usado no cálculo, e, a Aritmética, geralmente, parecia ter sido bem entendida.

Esses cretenses eram bons marinheiros e tinham uma poderosa frota de galeras, algumas delas até com sessenta remos. Também usavam velas, que eram admiravelmente pintadas, mas aparentemente as usavam quando o vento chegava quase diretamente na popa.

A Raça Cretense

Os cretenses eram um ramo ou a família da quarta sub-raça ou célica, da quinta raça ariana. No capítulo XIX do livro *"Man: Whence, How and Whither"*, páginas 309-310, tem-se breve história dessa sub-raça e do mesmo livro extraimos os seguintes parágrafos relativos à origem dos cretenses:

A primeira secção (da quarta sub-raça) que chegou à Europa depois de cruzar a Ásia Menor foi a dos antigos gregos, não os gregos da nossa *"História Antiga"*, mas seus muito afastados ancestrais, aos quais, às vezes, chamam-se pelegos. Recordar-se-á de que os sacerdotes egípcios são mencionados no Timeu e o Cristias de Platão falando a um grego posterior acerca da esplêndida raça que havia precedido a seu próprio povo em seu país; como haviam resistido a uma invasão da poderosa nação do Oeste, a nação conquistadora que havia subjugado todos até se estremeceu contra o valor heroico desses gregos.

Em comparação com esses se diz os modernos gregos – os gregos da nossa história que nos parecem tão grandiosos – são iguais a pigmeus. Daqueles saíram os troianos que combateram os modernos gregos, e, a cidade de Agadé na Ásia Menor era povoada por seus descendentes.

Aqueles, então, tiveram por longo tempo as costas da Ásia Menor e as Ilhas de Chipre e Creta e todas as mercadorias daquela parte do mundo eram transportadas em seus navios.

Gradualmente, edificou-se grande civilização em Creta que durou mil anos.

O nome de Minas será sempre lembrado como o de seu fundador, o mais destacado edificador, originário desses gregos mais antigos, ainda antes do ano 10.000 a. C.

Recentes Descobertas em Creta

É somente a partir do ano 1900 que, devido principalmente ao trabalho de Sir Arthur Evans, que o mundo moderno chegou a conhecer algo da civilização cretense e a se dar conta que, em antiguidade e esplendor compara-se ainda com a grandeza do Egito. Mas, ainda agora e apesar de existir muita apreciação da valia arqueológica dos descobrimentos em Creta, os Franco-Maçons, todavia, não prestam muita atenção ao altamente significativo fato de que tal civilização demonstra-nos a existência, há cinco mil anos pelo menos, de uma religião baseada em Mistérios, que quanto a símbolos e emblemas gerais assemelha-se muitíssimo ao nosso ritual moderno.

Uma característica desses Mistérios cretenses, especialmente atraente aos maçons, é que neles eram admitidos homens e mulheres.

A admissão de mulheres era prática de quase todos os Mistérios do mundo antigo, mas os mais claros vestígios de tal fato encontram-se hoje em Creta, mais do que em qualquer outro país. Esses Mistérios não se encontram na linha maçônica de descendência direta, mas os restos arqueológicos dos rituais iniciáticos são tão impressionantemente similares ao nosso sistema presente que resultam ser interessantes de modo excepcional.

Para os que não estão familiarizados com os resultados das escavações em Creta, seria apresentar-lhes um breve estudo do conhecimento histórico logrado com seu auxílio.

Até recentemente, a maioria dos textos de história ensinavam-nos que a civilização grega iniciou-se no século VIII a. C. Havia tradições de uma civilização mais antiga com centro em Creta, onde o Rei Minos governava no seu palácio de Knossos e outra na parte principal da Grécia onde, na cidade micênica de Agamenon, seus heróis prepararam-se para uma expedição contra Troia, mas esse relator era tomado como de caráter puramente legendário, até que a tenaz perseverança de Schiluemann verdadeiramente desnudou as paredes da antiga Troia e descobriu as tumbas dos raios micênicos obrigando os historiadores a reconsiderarem que nesse assim tabmbém noutros casos, a lenda havia resultado mais apegada à verdade do que à História.

Em Creta, os descobrimentos foram ainda mais impressionantes.

Quando Sir Arthur Evans começou suas escavações no lugar que ocupou a antiga Knossos, não apenas descobriu o palácio do Rei Minos, mas uma série de camadas sucessivas, indicadoras de uma civilização contínua, de caráter muito elevado, que se estendeu por um período de vários milhares de anos. Demonstrou-se que as velhas lendas do labirinto de Creta e o terrível Minotauro, que se supunha, habitavam em suas mais recônditas profundidades, eram baseadas em fatos, não em fantasias.

Agora também se sabe que, durante a era da primeira dinastia do Egito, em Creta floresceu uma civilização tão poderosa como a egípcia.

A tal respeito, Sir Arthur Evans disse: "*O elemento protoegípcio na antiga Creta do período de Minos está em verdade, tão claramente definido e é tão intenso em sua natureza que quase sugere algo mais do que a conexão que pode ter vindo pelo comércio primitivo.*"

Pode-se, com fundamento, perguntar se durante o tempo de mudança e pressão que registrou o triunfo do elemento dinástico no Vale do Nilo, parte da antiga população, então expulsa, não tenha iniciado um verdadeiro centro de povoamento no solo de Creta.

Ainda que as civilizações do antigo Egito e de Creta tenham muito em comum, não há semelhanças entre ambas e isso pode ser explicado pelo fato de que por extensíssimo tempo, não somente o Delta, mas também o Meio e o Alto Egito mantiveram-se em relação ininterrupta com a Creta de Minos.

Não é nosso objetivo entrar numa descrição maior dessa civilização, que em muitos aspectos era igual ou talvez superior a dos nossos próprios dias. Nossa principal tarefa é a religião e os usos rituais dos antigos minoicos, que em seus detalhes mostra tão grande semelhança com a moderna Franco-Maçonaria.

Em vista do que a escritura minoica, entretanto, não tenha sido decifrada, estamos informados, de modo muito parcial, acerca dos pensamentos e crença da raça minoica, mas, a partir dos objetos achados e dos monumentos descobertos, podemos tirar algumas conclusões suficientes para o presente propósito.

O Culto em Creta

O culto principal parece ter-se concentrado no aspecto feminino da deidade já mencionada, quem, como Ísis entre os egípcios e Demétrio entre os gregos posteriores, simbolizava o poder criador e o protetor cuidado e nutrição por parte da natureza no plano de mãe. A ela conectada estava a árvore sagrada, representada em tantas formas nos templos minoicos, enquanto que a deidade mesma era associada com a pomba, o leão, o peixe e a serpente, tipificando seu domínio sobre o ar, a terra, a água e o fogo no mundo.

Como já se disse, o mais sagrado símbolo do culto minoico era o duplo archote ou labrys. Esse se acha nos templos da antiga Creta, montado sobre uma coluna de pedra e quando se representa algum objeto ou edifício, invariavelmente, denota seu caráter sacro.

Foi sempre um emblema do mais Elevado Deus e é na realidade o antepassado do martelo do Mestre, que ele traz, porque de forma humilde representa o Comendador em Chefe, governando sua Loja em nome de Rei Espiritual. Em Creta, encontramos, frequentemente, esse emblema associado ao que se chama o nu sagrado. Quando está assim combinado assemelha-se muito ao ankh egípcio, a insígnia da imortalidade.

A Mãe-Deusa Diktynna representou a reprodução e o poder criador da Natureza, esse duplo archote, especialmente quando era coroado pelo nu sagrado, significava a eterna verdade da morte e da ressurreição, que era o mistério central da religião de Creta assim como foi do Egito, de modo que, com frequência se colocava ante a ela para tipificar o eterno milagre do renascer da árvore e da semente a partir da morte do inverno.

A forma mesma do labirinto, em cujos antros ocultava esse sagrado emblema, era em si mesmo simbólico e cheio de significação: era baseado na cruz e a representações desse em selos e moedas, às vezes, tomam a forma de uma esvástica.

Conectados com esse culto religioso externo, na antiga Creta havia Mistérios de iniciação para uns tantos e é neles que encontramos o principal elemento de semelhança com a Franco-Maçonaria.

No palácio de Minos em Knossos, assim também no palácio de Festos, outro lugar de Creta, encontramos criptas e câmaras com muitos pilares distribuídos, os quais eram indubitavelmente de caráter sagrado e iniciático.

O mais importante desses locais é o chamado salão, o trono no palácio de Minos, que deriva seu nome do trono, magnificamente esculpido, que foi encontrado intacto quando se escavou.

O Salão do Trono

A respeito desse salão, Sir Artur Evans disse: *"Agora está claro que uma grande parte da ala ocidental do palácio era pouco mais do que um conglomerado de templos pequenos, de criptas com pilares desenhadas para uso ritual, com suas correspondentes passagens acima."*

Nessa sala, a câmara melhor conservada e que ainda existe é o *"Salão do Trono"* que abunda em sugestões religiosas. Com seu assento catedrático exuberantemente talhado ao centro e rodeado de bancos de pedra, os grifos sagrados de um lado, custodiando a entrada de templo interior, do outro lado do trono mesmo, em frente, comunicava por escalões descendentes, sua misteriosa piscina ou charco, bem poderia evocar a ideia de uma espécie de consistório ou casa capitular.

Um traço singularmente dramático do momento da catástrofe final. Foi aqui proporcionado pelos vasos de alabastro no piso, junto à garrafa de azeite volteada, prontos para serem cheios em vista, inferidos de alguma cerimônia de unção. É impossível descrever a conclusão de que a *"Sala do Trono"* em Knossos era dedicada às cerimônias religiosas.

Os traços salientes da sua distribuição sugerem uma interessante comparação com uma câmara ritual recentemente descoberta num dos muitos semelhantes santuários de Anatólia. É essa a *"Câmara de Iniciação"* escavada pelos exploradores ingleses nos santuários de Homens Ascânios e uma Deusa Mãe, descrita como Demétrio, próxima da Antióquia psidiana.

O trono mesmo, as bancas de pedra ao redor e a alberca do lado oposto do trono encontram todos suas grandes analogias e estão distribuídos nas mesmas posições relativas.

No santuário gálata, vemos, em maior escala, certamente, uma câmara com um trono – nesse caso próxima, na realidade, não contra a parede posterior – à direita da entrada, enquanto que oposta a ela, do lado esquerdo, ao entrar à câmara está uma piscina oblonga.

Aqui também, no sentido da parede posterior, corre um divã ou banca de pedra cortada e se chegava à câmara por uma antecâmara ou pronaos.

As ordens do culto são normalmente transmitidas quase inalteradas por longos períodos de anos e as fortes analogias que aqui se apresentam, permitem uma suposição real para crer (admitir) que o muito mais antigo Salão do Trono em Knossos e seu tanque adjunto foram planejados para ritos semelhantes de iniciação e purificação. Talvez, para presidir esses ritos, Anatólius devia sentar-se no trono de Knossos, um rei sacerdote, o filho adotivo, na terra da Grande

Mãe dos mistérios Ilhéus. Talvez o personagem possa ser realmente reconhecido no Palácio, no relevo e uma figura trazendo uma coroa de lírios com plumas e conduzindo, podemos crer o Grifo sagrado.

É provável que em Creta o aspecto real estivesse mais à vista do que nos centros religiosos da Ásia Menor. Mas tanto a evidência do lugar do Palácio quanto as ditas associações atribuídas a Minos conduzem-nos à conclusão de que aqui também cada dinastia sucessiva era *"um sacerdote para sempre, conforme a ordem de Melquisedek"* e *"feito à semelhança do Filho de Deus."*

Não há dúvida de que no salão assim descrito encontramos um dos templos minoicos dos mistérios. Mas, provavelmente, assim como sugere Sir Arthur Evans, o trono que se mostra na câmara era o trono do Hierofante, e nas bancas de pedra encostadas às paredes eram colocados os H.H. que participavam do ritual. Os candidatos à iniciação tinham de se sujeitar a uma purificação preliminar no tanque astral antes de ser admitidos às cerimônias.

As Três Colunas

O plano desse templo minoico tinha três colunas em frente ao trono do Hierofante, que são frequentemente encontradas na religião de mistérios de Creta e eram intimamente conectadas com seus ritos.

A evidência de que as três colunas tinham um significado sagrado acha-se num dos modelos em terracota que pertencem a uma capela votiva que com frequência nos proporciona informação adicional relacionada com os Mistérios cretenses. Citaremos Sir Arthur Evans em sua descrição das três colunas rematadas com pombas (que repetidamente aparecem em vários modelos de templos minoicos), do mesmo modo sua explicação do significado religioso: *"Mas, de todos esses restos, o mais alto interesse religioso se subscreve ao grupo de terracota pertencente a alguma estrutura religiosa numa proporção maior do que as demais. Consistem em três colunas sustentadas por uma base comum, erigidas em cada caso sobre um capitel quadrado, os extremos redondos de um par de vigas sobre as quais pousa uma pomba."*

O capitel quadrado e as pontas das vigas em cima dele devem ser consideradas aqui como o equivalente, em forma abreviada, das vigas do teto e cobertura de um edifício. Noutras palavras, são os pilares da Casa e as pombas pousadas sobre eles são o signo externo e visível da divina presença e proteção.

Um selo de barro com um motivo similar, ou seja, o da pomba pousada sobre as vigas do teto que descansavam sobre uma coluna, a qual tinha por base a de um altar, como no esquema da Rótula ou Porta de Leão, saiu à luz recentemente em Mecenas, uma singular ilustração da origem do culto.

Cada uma das colunas pode ser considerada como entidades religiosas separadas, visto que em lugar de uma cobertura comum, a superestrutura está em cada caso separadamente representada por uma espécie de taquigrafia arquitetônica.

Essa Trindade de pilares, feita de pedras de meteoro (que tem muitos paralelos no culto semítico), em si mesma, recorda a tripla distribuição que se vê no afresco do Templo em Knossos e de vários templos minoicos e mecênicos posteriores.

As triplas capelas de ouro de Mecenas também trazem as pombas em repouso. Tais aves, como já se observou, simbolizam nesses outros casos o descenso da divindade ao interior do objeto possuído. Às vezes, como nos exemplos anteriores, é o pilar meteórico ou o claustro que o encapela ou encerra.

A célebre cena sobre o sarcófago de Hagia Tríade mostra aves parecidas com o corvo baixadas por meio de esforços e ritual de libações dirigidas aos Sagrados Archotes Duplos que desse modo ficam *"carregados"* como se estivessem com a divindade.

"As pombas sobre o cálice de ouro de Mecenas e da copa de Nestor" repetem a mesma ideia.

Mas não era somente o objeto de culto que podia ser desse modo santificado pelo emblema, descendente do morador interno. No caso das placas de ouro do Sepilcro do Terceiro Túnel em Mecenas, veem-se as pombas não apenas pousadas sobre a capela, mas também sobre a cabeça e flutuando sobre os ombros de uma mulher despida.

Assim também a imagem central, de barro, da *"Capela dos Duplos Archotes"* em Knossos, que mostra a pomba pousada sobre a cabeça da mulher.

Nesses casos temos imagens da Deusa Pomba, a mulher, reforçada pelo que pode ter sido sua antiga aparência zoomórfica, ou melhor, de uma sacerdotisa deificada pela descendência do espírito-pomba.

A extensão em que as concepções religiosas minoicas primitivas eram conhecidas pela mente semítica está ilustrada outra vez aqui pelo impressionante paralelo do batismo no Jordão e o quadro descrito pelos evangelistas acerca do Espírito Santo *"descendo em forma corpórea como uma pomba"* e "dirigindo sua luz" sobre Jesus.

O que há de ter presente durante todas essas conexões é que não é apenas o objeto inanimado ou anicônico como o pilar ou o archote sagrado, que pode chegar a ser por meio do adequado ritual, a morada temporal da divindade, mas que o Ser Espiritual pode introduzir-se no interior do adorador ou do que faz os votos em forma humana, quem pelo momento se converte em Deus, do mesmo modo que no batizado cristão torna-se outro Cristo.

Essa "*posse*" é, frequentemente, registrada por profecias e bailes extáticos ou por um baile orgíaco numa moldura cerrada minoica, que depois se descobrirá, encontra sua explicação pictórica na descendência da deusa.

Tons musicais como os da lira, do caracol ou do sestro do culto egípcio foram meios de invocação. Esses modelos de terracota, altamente interessantes, que ilustram as estruturas e ideias religiosas do M. M. do II Período, são complementadas por um objeto – a escala de que corresponde à mesma série que o grupo de colunas – em forma de assento portátil. Nele estão alguns restos da porção baixa e aditamentos de uma figura.

É evidente que temos aqui uma liteira seja para uma divindade ou seu representante terrestre, o Rei-Sacerdote, recordando a cátedra gestatória ainda em uso pelo papa em Roma.

Na sua distribuição geral, a câmara ritual do palácio de Festos era similar ao templo Maçônico no palácio de Minas, mas não tinha trono; omissão que se explica pelo assento portátil achado na capela. Evidentemente, o iniciado nos mistérios, em alguns casos era levado em andor à procissão e ficava com o assento em que havia sido transladado.

Modelos de Capelas

Vimos até aqui que nos santuários minoicos o assento do Hierofante ou Mestre encontra-se num lado, os bancos para os irmãos ao longo dos muros, três colunas sagradas como os principais ornamentos do templo e um mosaico no centro da passagem, em quadros brancos e negros alternados.

Também, em alguns templos encontramos, a um lado do salão, dois pilares próximos, tal arranjo foi também descoberto pelos dois pilares que estavam na escavação da cripta no palácio de Minas.

Dessas criptas Sir Arthur Evans disse: *"Existe clara evidência como abaixo se demonstra, que tais criptas com pilares traziam uma função religiosa e estavam em relação com um templo de colunas acima. Pouca dúvida pode haver de que aqui temos os restos de um importante santuário que fica em frente à porta interna do Palácio que e vê até o mar."*

Os Objetos do Altar

Ainda se tem mais evidência do caráter Maçônico dos ritos minoicos com os notáveis objetos achados nos depósitos do templo em que se guardavam os diferentes objetos do altar relacionados com o culto ritual na câmara de iniciação.

Sir Arthur Evans recomendou tais objetos sobre a tábua do altar a que sem dúvida eram dedicados.

A cruz de mármore no centro do altar é, talvez, o traço mais notório.

A cruz com braços iguais, ou seja, a cruz grega, assim como a cruz latina e a suástica acham-se repetidamente em conexão com o grupo minoico e quer a cruz tenha simbolizado através das idades quer seja o mistério da criação e a descendência da divina vida até a manifestação, ou melhor, a morte mística e a ressurreição da alma, aqui temos uma evidência de impacto de que essas concepções estavam também na base dos Mistérios Cretenses.

Em qualquer lado da cruz, sobre o balcão do altar, as figurinhas trazem aventais, que são claramente de caráter ritual, uma vez que não eram usados na roupa comum de Creta. O avental era evidentemente duplo, estendendo-se tanto na frente quanto atrás e diferia em detalhes no caso da deusa e sua sacerdotisa.

É possível e em alguns aspectos ainda provável, que ambas as figurinhas femininas achadas no altar sejam adoradoras da cruz e da tripla serpente, em cujo caso a diferença dos dois aventais bem poderia denotar uma diferença em ordem ou grau dos que os usavam. Evans opina que os duplos aventais sejam de caráter ritual.

As Estatuetas

Mas a essas provas de simbolismo Maçônico, por decisivas que sejam, sobrepuja-as o testemunho apresentado por um número de estatuetas e figuras votivas encontradas em Creta ou no avanço da civilização minoica, as quais são apresentadas em tão indubitáveis atitudes maçônicas (algumas das quais pertencem agora aos graus superiores), que até o mais cético dos estudantes tem de reconhecer que nenhuma casualidade pode explicar essa semelhança.

Não estaria de acordo com o segredo maçônico mencionar os graus aos quais pertencem as diferentes atitudes, embora, todo maçon as reconhecerá de imediato.

Contudo, por ridículo que pareçam ser as estatuetas, se fossem a única evidência encontrada em Creta, seriam suficientes para indicar a existência de caráter Maçônico nessa antiga civilização.

Quando, porém, a evidência apoia-se nas várias provas já citadas, fica fora de dúvida que há quatro mil anos ou mais existiram em Creta Mistérios nos quais se usavam símbolos e signos Maçônicos e que a tais Mistérios se admitiriam homens e mulheres e que celebravam seus ritos em templos muito semelhantes aos da moderna Franco- Maçonaria.

Capítulo IV

Os Mistérios Judeus

A Linha de Descendência Judia

Ainda que nossos modernos ritos e símbolos maçônicos sejam derivados do Egito, como se demonstrou em *"The Hidden Life in Freemasony"*, eles chegaram a nós em sua maior parte pelos judeus. A tradição que mais influências tiveram sobre a nossa moderna Maçonaria é a dos Mistérios Judeus, de modo que a maioria das nossas cerimônias e signos está vertida numa forma judia.

No livro já mencionado explicou-se que muitas das tradições conservadas em *"O Velho Testamento"*, de fato, têm uma base ainda que os ventos da história judia fossem exaltados e desfigurados pela lente de um quase fanático patriotismo em mãos de posteriores compiladores de dados.

Os livros sagrados judeus, como se conhecem agora, foram quase totalmente escritos depois do retorno do cativeiro e os escritores sacerdotais que executaram tal obra transfiguraram numa efervescência entusiástica de romance às poéticas tradições de sua nação.

As Migrações Judias

A raça judia é um ramo desse povo semítico que formou a quinta sub-raça da raça raiz, a atlante. Aproximadamente quatro mil anos antes do grande cataclismo de 75025 a. C. que arrasou o primeiro império atlante do Egito, o Manu havia guiado seus especiais partidários às terras altas da Arábia a fim de que pudessem ser separados da maioria dos atlantes e que novo tipo deles se originara que, mais tarde, converteria-se na raça raiz ária.

Rigorosa proibição contra o casamento de judeus com raças vizinhas foi ordenada pelo Manu, para que a pureza da nova estirpe pudesse ser mantida, e a ideia desses homens de que eles eram um povo eleito foi alimentada até esse fim.

Pouco antes do cataclismo, cerca de setecentos dos melhores e mais prometedores dentre o povo judeu, foram guiados pelo Manu à Ásia Central e ali se converteram numa grande nação depois de muitos milhares de anos num núcleo da raça ária que logo governaria o mundo.

Cerca de 40.000 a. C. o Mani sacou de uma segunda sub-raça da nova raça ária que logo governaria o mundo para colonizar a Arábia uma vez mais, já que os semitas que foram deixados para trás eram os mais próximos da nova estirpe entre os povos atlantes.

A Arábia converteu-se num grande reino ário, excetuando-se somente aqueles que habitavam a parte sul da península que declinaram reconhecer Manu ou casar-se com Sua gente, citando Suas próprias proibições como argumento de sua negativa ao casamento com judeus. Mais tarde, essa parte do país foi conquistada pelos ários e grande parcela de seus habitantes abandonou seus lares e se estabeleceu na costa oposta ao Mar Vermelho onde hoje se chama Somália.

Ali viveram durante alguns séculos, mas em consequência de uma tentativa da maioria em mesclar-se por meio de casamento com os negros, uma grande parte separou-se da comunidade e depois de muito errar, encontrou-se em território egípcio.

O Faraó, interessado na história deles, ofereceu um lugar vizinho se quisessem ficar ali.

Com o tempo, um Faraó exigiu impostos adicionais e trabalhos forçados, o que consideraram uma violação contra seus privilégios, assim que, uma vez mais, imigraram em massa sobre a liderança daquele a quem agora chamamos Moisés e depois de mais tentativas estabeleceram-se na Palestina, lugar onde foram reconhecidos como os Judeus, mantendo, todavia, a ideia de um povo eleito.

Durante sua permanência temporal no Egito, alguns deles foram iniciados em alguns graus dos Mistérios egípcios.

Moisés, como se chamou muito mais tarde, *"foi instruído em toda sabedoria dos egípcios"* e por isso parece que é o verdadeiro fundador dos Mistérios judeus, por mais que a tradição sugira que introduzira nesse povo a sucessão de Mestre Instalado que havia recebido dos sacerdotes egípcios.

Nossas investigações não confirmaram os eventos relacionados nos primeiros capítulos do Êxodo em relação às dez pragas e ao castigo contra os egípcios; os judeus partiram sem muita oposição e após muitos anos de vida errante nos desertos conquistaram várias tribos e tomaram posse da Palestina. Sua imigração parece ter sido inspirada em certo ponto pelo Manu.

Nos dias de sua marcha usavam uma tenda de campanha para celebrar seus Mistérios, preservados na tradição hebraica como o tabernáculo, onde trabalhavam em essência, os rituais egípcios, ainda que toda celebração se efetuasse em menor escala e com menos esplendor.

São esses os fatos que existem por trás da tradição maçônica da Primeira Loja ou Loja Santa.

Os Profetas

Parece que Moisés estava também familiarizado com grande ritual de Amen conforme o modo de ser utilizado nos Mistérios do Egito e pelo menos uma parte dessa tradição foi transmitida por ele aos seus sucessores. Surgiu em dias posteriores uma escola em conexão com os Mistérios, cujos membros tinham a ideia de personificar os filhos de Israel como um Ser que poderia esparramar bênçãos a todas as nações; tentaram acrescentar a eles mesmos o sentimento de unidade necessário para esse propósito, em parte, por meio do ritual.

Tiveram também a escola dos profetas que eram exímios nos Mistérios e estudavam o profundo ensinamento guardado dentro dos antigos ritos.

Em *"O Antigo Testamento"* menciona-se uma escola dessa que, pelo que parece, existia em Naioth sob a direção do profeta Samuel e houve outras depois em Betel e Jericó.

Essas escolas não estavam muito interessadas na profecia, no sentido moderno de predição do futuro, mas na tarefa de instruir o povo por meio da pregação. Em muitas coisas assemelhavam-se aos frades pregadores enviados pela Igreja Romana na Idade Média, tal era a ordem dos franciscanos e outras.

Os pregadores foram selecionados dentre os Levitas e se enviaram a proclamar os profundos ensinamentos de forma que alcançasse as maiorias. É provável que muitos dos grandes profetas judeus pertencessem a um posterior desenvolvimento de tais escolas – Isaías, Jeremias, Ezequiel e outros – mas sempre tiveram um ponto de vista pessimista, ainda que alguns deles inquestionavelmente tocassem altos níveis de consciência em suas visões.

Seu método era, aparentemente, pôr-se num estado de tremenda exaltação e logo assomar-se a um plano superior por meio de uma espécie de túnel que haviam aberto. Assim foi como Ezequiel teve a visão dos quatro Reis dos elementos.

Esses Grandes podem ser vistos claramente apenas com a vista do plano espiritual, o nirvânico; não parece que Ezequiel tivesse tocado esse exaltado nível diretamente, mas que se deu conta dele em seu êxtase como se o visse desde baixo.

Os Construtores Do Templo Do Rei Salomão

Parte dos poderes internos e dos rituais egípcios fora transmitida fielmente de geração em geração desde os dias de Moisés até o momento em que o Rei Salomão subiu ao trono de seu pai Davi. Há algo de verdade na tradição preservada na Bíblia, ainda que tenha exageros e equívocos nos relatos que nos chegaram e muito dos significados internos dos símbolos tenham sido esquecido.

O Rei Salomão parece ter sido um homem de considerável força de caráter, com algo de conhecimento culto, e a grande ambição de sua vida foi unificar solidamente seu povo até convertê-lo num reino forte e respeitado, capaz de ter uma posição de influência entre as nações que o rodeavam. Com tal fim erigiu o templo de Jerusalém para que fosse o centro da veneração religiosa de seu povo e símbolo da unidade nacional; talvez não fosse tão magnificente como relata a tradição, mas o Rei era extremamente orgulhoso dele e o considerava tal qual um dos grandes sucessos de sua época.

Nessa obra contou com a ajuda do seu aliado, Hiram, Rei de Tiro, que trouxe boa quantidade de material para o edifício e forneceu muitos hábeis artesãos para ajudar no trabalho, pois os fenícios eram excelentes na construção e os judeus eram um povo pastoril.

Também, cerca de cinquenta anos antes, grupos errantes de Construtores (Maçons) que diziam se chamar Artífices Dionisíacos haviam se estabelecido na Fenícia, de modo que o Rei Hiram pôde contribuir com muitos trabalhadores expertos.

Essa Aliança é um assunto de história secular, pois Flávio José, o grande historiador judeu, conta-nos que ainda em seus dias algumas cópias das cartas pelas quais se correspondiam os dois Reis existiam nos arquivos de Tiro e podiam ser consultadas pelos estudantes.

Hiram Abiff foi também um personagem real, ainda que não encontrasse a morte do modo reportado na tradição maçônica. Foi um decorador, ou melhor, o autêntico Arquiteto do Templo, como claramente dizem os relatos bíblicos. *"Era saturado de sabedoria e entendimento e hábil em qualquer trabalho com latão. Era hábil para trabalhar o ouro, a prata, o latão, o ferro, a pedra, a madeira, o linho fino, vermelho, azul, rosa; também para gravar toda classe de impressões e para achar solução a qualquer problema que se lhe colocasse."*

Josefo confirma a tradição de que ele foi um artista e artesão, melhor do que arquiteto: *"Este homem era hábil em qualquer tipo de trabalhos, mas seu forte era trabalhar o ouro, a prata e o latão e ele fez todo o trabalho minucioso do templo conforme desejos do Rei."* Era filho de uma viúva de Neftáli e seu pai era de Tiro, trabalhador do latão, antes dele.

Em vista de tanta responsabilidade em suas mãos e de que era um consumado artista, parece haver gozado de certa confiança do Rei Salomão e de haver sido membro do conselho. Evidentemente, era tratado feito um igual pelos dois Reis e essa é uma das razões que influenciara H. Ward a traduzir Hiram Abiff como *"Hiram seu pai (dele)"* e a apresentar ao Rei de Tiro como enviado a seu abdicado pai, na função de superintendente de decoração do templo.

A Adaptação dos Rituais

Mas, os planos do Rei Salomão para a consolidação do seu povo não estavam ainda completos. Ao construir o templo havia formado um centro externo de veneração nacional e, por sua vez, desejava que os Mistérios, ou seja, o coração da religião do seu povo e centro da consciência espiritual do mesmo tivesse uma forma judia pura.

O cerimonial transmitido desde os dias de Moisés era ainda egípcio e os iniciados nos Mistérios, todavia, estavam simbolicamente ocupados na construção da grande pirâmide, a Casa da Luz, e em celebrar a morte ressurreição de Osíris. Ainda quando o templo não tinha os correspondentes passadiços da iniciação, o Rei Salomão desejava que para o futuro ocupasse o lugar da Casa da Luz e se convertesse no centro espiritual dos Mistérios judeus.

O Rei Hiram de Tiro, calorosamente apoiou a ideia; ele mesmo herdava ritos iniciantes que haviam sido derivados dos Mistérios da Caldeia, uma linha de tradição muito antiga que corria paralela aos Mistérios do Egito desde os dias dos atlantes e que tinha suas principais passagens de iniciação na Babilônia. Ele também acariciava a ideia de que um centro mais próximo de casa e em mãos amistosas era altamente desejável e, portanto, cooperou com o plano jurídico dos antigos ritos e os enfocou no templo em Jerusalém. Primeiramente, pelo que parece, os dois Reis enviaram uma embaixada ao Egito para estudar com o Faraó o grave assunto, dizendo que haviam construído o templo e pedindo o total reconhecimento para o ramo judeu dos Mistérios.

O Faraó não aceitou suas proposições nem mostrou entusiasmo e, mais ainda, deixou entender com frieza que ninguém que não fosse egípcio poderia entender os Mistérios do Egito. Tal parece que os egípcios daqueles dias consideravam seus irmãos judeus como o fariam os da Grande Loja da Inglaterra se Grande Oriente do Haiti lhes propusesse alterações do ritual.

Não achamos nenhuma confirmação da história do casamento do Rei Salomão com a filha do Faraó, conforme relato da Bíblia e mais, a união era, por sua vez, geralmente rejeitada pelos cristãos como impossível, pois de acordo com as tabuletas de Tel-el-Tmarna, uma princesa não podia se casar com nenhum estrangeiro.

Ao regresso dos embaixadores de sua viagem ao Egito, o Rei Salomão e o Rei Hiram ordenaram assembleia do conselho em Jerusalém e se decidiu que de imediato deveriam proceder com o trabalho de adaptação dos rituais para lhes dar forma judia. É um fato interessante que as três diferentes linhas de tradição foram representadas nas pessoas dos três membros em chefe do conselho e dos quais podemos achar os traços em nossos trabalhos modernos.

O mesmo Rei Salomão havia herdado a linha egípcia de sucessão derivada de Moisés; o Rei Hiram, de Tiro conservou a sucessão caldeia, enquanto que Huram Abiff trouxe consigo outra linha de tradição que não derivava de nenhuma dessas fontes.

Essa última linha era estranha e terrível, provavelmente perpetuada pela conduta de tribos selvagens e primitivas de sacrifícios humanos.

Creio que essa linha é a que se refere H. Ward em sua notável obra *"Who was Hiram Abiff"* em que aduz uma vasta quantidade de evidências para demonstrar que nossa história tradicional é baseada no mito da morte e ressurreição do Tammuz e é na realidade um relato do assassinato ritual de um dos Reis Sacerdotes dessa religião. Registra que muitas das raças primitivas representavam um drama em que alguém, geralmente um sacerdote ou rei representa um deus que é morto e logo ressuscita; que em tempos antigos, seja como fosse, realmente matavam tal representante e o ofereciam como sacrifício para assegurar a fertilidade; que quando primeiro ouvimos desse mito de Tammuz, foi em relação à Babilônia e que as tribos da vizinhança da Judeia eram todas adeptas à veneração dessa deidade. Entre os mesmos judeus encontramos os profetas acusando mulheres hebraicas de participar do ritual de luto dedicado a ele.

O próprio Salomão foi definitivamente monoteísta e seu povo desgraçadamente mostrou tendência clara a adorar deuses estranhos. Parece haver muita evidência para provar que o canto de amor (Cantar dos Cantares) que se lhe atribui na Bíblia é realmente um hino ritual dedicado a Astarté, para quem ele construiu um templo muito próximo ao de Jeová.

Há considerável segurança de Balkis, rainha de Sabá, havia sido uma pessoa real, ou apenas uma personificação de Astarté. H. Ward explica que os festivais dos santos patronos da Franco-Maçonaria, São João, o Batista, em Verona e São João, o Evangelista, em Inverno são somente uma perpetuação das festas do velho culto da fertilidade, verificadas durante o solstício de verão e inverno, que ritos similares são encontrados noutras latitudes, teutônicos, celtas e gregos, que também eles sobreviveram entre os essênios e que os Cavalheiros Templários trouxeram ao seu regresso da Síria uma história muito similar ao do grau 3. Ele destaca que o conto de Jonas foi sempre entendido como um mito de morte e ressurreição e que também foi sacrificado para apaziguar uma deidade e obter a salvação para outros, tal como foi o Rei Sacerdote de antes.

Cita muitos exemplos de sacrifícios de fundação e consagração e sustenta, do modo que vinha fazendo, que Hiram Abiff foi o pai desse outro Hiram que foi Rei de Tiro, pois escreve: *"Os adeptos fenícios e judeus do antigo culto de Tammuz, sem dúvida, sentiram que a Grande Deusa fora defraudada de sua justa parte quando Hiram Abiff não foi sacrificado, como era o antigo costume quando seu filho subiu ao trono e confiavam em que se ele não fosse sacrificado quando terminasse o templo, a estabilidade e o futuro dele estariam em perigo. Assim, considero que os trabalhadores fenícios com ou sem o consentimento de Salomão, tomaram a vida do antigo Rei de Tiro, Abibaal ou Hiram Abiff, como sacrifício de consagração."* Se bem que apenas podemos aceitar a sugestão de que a ascendência do nosso rito moderno seja totalmente sírio, não podemos duvidar de que a influência da terceira linha de tradição com a qual especialmente contribuiu Hiram Abiff foi considerável.

Notamos, igualmente, que parece ter sido especialmente relacionada com trabalho dos metais. Tudo isso que se acha em nossos rituais modernos acerca de Lamech e seus filhos, acerca de Jubal, o fundador da arte musical e de Tubal Caim, o primeiro artífice de metais, parece pertencer à linha de tradição que Hiram Abiff introduziu.

Esse conselho foi iniciador da maior parte de nosso trabalho Maçônico moderno. O perfil principal do ritual egípcio foi cuidadosamente conservado, ainda que o Rei Salomão, em várias ocasiões, citasse como autoridade, quanto a pontos de destaque, seu irmão de Tiro junto com os signos e ainda que as palavras fossem dadas em hebraico, em sua maior parte conservaram o mesmo significado.

O Rei Salomão parece ter sido responsável em grande parte da cerimônia de elevação; foi ele quem, por iniciativa de Hiram Abiff, mudou a inscrição de Osíris pela do mestre construtor que tentou escapar pelas portas do Sul, do Norte e do Leste e foi assassinado porque não divulgou os segredos de um M. M. O nome do autêntico construtor não era dado, naturalmente, como agora, pois o mesmo ajudou na elaboração da lenda; tampouco houve alguma fatalidade conectada com a construção do santo templo.

A inserção do nome atual foi obra de Reheoboam, quando sucedeu no trono a Salomão, seu pai, como disse em *A Vida Oculta da Maçonaria*, assim que a história veio aplicar-se à pessoa de Hiram, o filho da viúva.

Uma tradição muito curiosa ainda existe no grau 3 do rito de Mizraim.

Nesse rito, a figura central da lenda não é Hiram Abiff, quem teria regressado com sua família após a construção do templo, mas a história é transferida até há muito, aos dias de Lamech, cujo filho Jubal, sob o nome de Harrio-Jubal-Abi, teria morrido assassinado por três traidores: Hagava, Hakina e Heremda (Enciclopédia por Mackey, a Metil cijo Mizraim).

O rito de MIzraim, como veremos, é extramente antigo e pode ter sido incorporado à outra tradição diversa da transmitida na Europa, já que parece ter sido introduzida do Leste até fins do século dezoito. Pode ser que tenhamos aqui outra fagulha da linha de tradição que Hiram Abiff representou no conselho do Rei Salomão.

Esse foi o importante trabalho efetuado pela segunda Loja ou Loja Sagrada.

A sucessão de Mestres Instalados foi transmitida dentro do seio da nova organização e, desde então, os Mestres de Lojas que derivam sua sucessão dos Mistérios dos Hebreus, sentaram-se sempre no trono do Rei Salomão, enquanto que os Vigilantes ocupam os de Hiram, Rei de Tiro e de Hiram Abiff, de tal modo há uma autêntica verdade respaldando nossa tradição maçônica.

A autêntica história tradicional, tal como foi adaptada pelo Rei Salomão, continha muito mais da lenda de Osíris e era mais coerente e sensata que hoje, já que havia uma ressurreição do mestre construtor, assim também uma morte, e a busca de Ísis pelo corpo de Osíris era refletida na busca de certos artesãos, do corpo do Mestre. Mas isso não era bem um cargo de natureza verbal, mas uma parte do trabalho ritual e, portanto, ficava mais exposta à desfiguração no curso do tempo. Isso é exatamente o que aconteceu.

As cerimônias foram transmitidas de era em era com muito poucas mudanças, mas foram em certas épocas revestidas de novo grupo de palavras, que refletia o espírito desses dias, tanto que a lenda associada com o ritual do grau 3 ficou tristemente desfigurada ao passar dos séculos, até que em sua forma presente não é mais do que uma silhueta do glorioso ensinamento dos Mistérios do Egito dos quais derivou.

A Transmissão Dos Novos Ritos

Os mistérios foram transmitidos de geração em geração durante os seguintes 350 anos, enquanto sobreviveu o reino de Judá. Em 586 a. C. a cidade de Jerusalém foi destruída por Nabucodonosor e o povo conduzido em cativeiro para Babilônia. Os Mistérios ficaram interrompidos durante a escravidão e não parece provável que se tenha trabalhado com seriedade durante os cinquenta anos com o exílio. Contudo, a sucessão de Mestres Instalados ficou intacta e quando o povo regressou da Babilônia, ao reconstruir o templo, também tentou reconstruir os ritos de iniciação.

Aqui é onde encontramos os fatos que fundamentam a tradição da verdadeira ou Grande e Real Loja, pois Zorohabel, o príncipe de Judá e Josué, o Sumo Sacerdote, foram, em grande parte, os realizadores desse trabalho de restauração e renovação.

A mesma dificuldade apresentou-se depois, já que não se permitiu nunca pôr os rituais por escrito, uma vez mais foi necessário confiar à memória a maior parte da tradição e apenas alguns tantos puderam ter recordado os trabalhos efetuados nos dias prévios do cativeiro.

Não obstante, tiveram êxito ao reconstruir os ritos com aceitável exatidão, ainda que uma vez mais, a história tradicional sofreu desfiguração por ser recordada imperfeitamente. Real é a história dessa linha de sucessão que finalmente achou seu caminho nos Colégios Romanos, inicialmente, por descendência direta dos ensinamentos do Rei Numa; posteriormente, pela migração dos ritos de Attis e Cibele em Roma, pelo ano de 200 a. C. e de novo trasladado por meio dos soldados de Vespasiano e Tito que retornavam a Roma. Desses colégios foi transmitida com notável aproximação em seus detalhes essenciais até nossas Lojas modernas.

Além dos três graus da Maçonaria que formaram a estrutura principal dos Mistérios Judeus, houve também outras tradições maçônicas transmitidas desde o Egito.

O que agora é o Santo Real Arco tinha seu lugar no trabalho, enquanto que as ideias contidas no que agora chamamos o grau Mark eram associadas com o grau 2, assim como o Arco era com o grau 3.

Ainda que no trabalho inglês, o período do Arco representa-se como o de Zarababel e o Segundo Templo, os Capítulos irlandeses ligam toda lenda aos dias do Rei Josué, enquanto que o Real Arco de Enoque, que difere consideravelmente quanto a detalhes, ainda que a simbologia tenha o mesmo significado e propósito, seja descrita como pertencente aos dias do Rei Salomão.

É digno notar a ausência de um período fixo como indicador de que o marco histórico somente tem importância secundária e que o principal propósito do grau é transmitir instrução simbólica.

Os Essênios e o Cristo

A tradição dos Mistérios foi transmitida de século a século, até que a achamos entre os essênios que parece terem herdado ritos caldeus. Foi nessa escola em que viveu o discípulo Jesus em preparação para Seu ministério, após receber elevada iniciação nos verdadeiros Mistérios do Egito.

Os essênios haviam herdado, entre outros ritos caldeus, o que posteriormente se conheceu por eucaristia mitraica, a cerimônia do pão, do vinho e do sal, transmitida através dos tempos até que foi incorporada ao moderno grau da Rosa-Cruz do império de Aqui.

A consagração desses elementos era ou é maravilhosa, ainda que não haja uma descendência da Divina Presença tão plena como no correspondente ritual de Amen no antigo Egito.

No entanto, parece provável que o Senhor Cristo tomara a cena mitraica por base de sua santa eucaristia e enquanto conservava o antigo simbolismo dos elementos mudava-os em seu próprio veículo especial, simbolizado com Seu Corpo e Sangue o mais íntimo e mais próximo de todos os sacramentos conhecidos pelo homem.

A eucaristia mitraica pôs o adorador em contato íntimo com a Vida divina; a cena mística da Rosa-Cruz alça o Príncipe Soberano até pô-lo numa maravilhosa união com Cristo, o Senhor do Amor; no ritual de Amen os H.H. reverenciavam todo o que participava do sacramento dizendo: *"Tu és Osíris"*.

A santa eucaristia da Igreja Cristã é a última e mais maravilhosa de todas, pois nela recebemos a Ele, o Senhor do Amor, e, a Sagrada Hóstia é tão precisa e plenamente Seu veículo como o foi o corpo de Jesus na Palestina há dois mil anos. É muito provável que Ele tomara o sacramento existente, que era celebrado regularmente na comunidade essênia e o tivesse transformado noutra mais santa eucaristia, a qual converteu em glória da Sua Igeja, de geração a geração.

Cabalismo

Com o tremendo ímpeto devido à vinda do Senhor, os Mistérios receberam inspiração maior daquela que haviam tido desde a vinda de Moisés.

Parte do ensinamento místico desses passou depois à forma escrita, e na Cabala encontramos fragmentos do conhecimento simbólico que foi antes propriedade exclusiva dos iniciados. Tão grandes são as semelhanças entre certas doutrinas da Cabala e a dos graus anteriores da Maçonaria que se supõe que os estudantes de Cabala foram os introdutores da Maçonaria especulativa à nossa Maçonaria moderna.

O estudante de ocultismo não sustenta esse critério, pois sabe que nossos rituais especulativos pertencem a um passado que fica muito mais além do século dezoito e que perpetuam a tradição dos judeus os quais a derivaram dos Mistérios do Egito. Ele vê na literatura da Cabala uma porção exotérica escrita dos outros ensinamentos que pertencem aos judeus, ainda que transmitidos por uma linha independente que pode, contudo, ter cruzado a da nossa própria Maçonaria e até certo ponto influenciá-la em dias posteriores.

Há muito na Cabala que esclarece nossas cerimônias e símbolos, e um estudo de Teosofia Cabalística pode ser proveitoso e interessante para o Maçon se aprofundar.

Um brevíssimo sumário é o máximo que podemos tentar aqui.

A literatura da Cabala representa um desenvolvimento de muitos séculos sob a influência de muitos tipos de pensamento – judeu, gnóstico, neoplatônico, grego, árabe e até persa – e nunca foi completamente traduzido em língua europeia. Consiste em certos grandes textos escritos em hebraico e aramaico, e em um acúmulo de comentários sobre eles, copilados por judeus de muitas partes e épocas.

Os mais importantes textos são o *"Sepher Yetzirah"* que explica o significado místico que se oculta sob o alfabeto hebraico e erige um vasto sistema de especulação mística e esconde sobre as combinações e colaboração de suas várias letras e o *"Sepher ha Zohar"*, o *"Livro de Esplendor"*, que é um mosaico de história e lenda, de fábula e de realidade, de misticismo e de fantástica especulação que, como toda essa literatura, contém valiosas gemas de sabedoria veladas numa porção de desperdícios. Ambos os livros pretendem vir do século II a. C., mas na realidade foram escritos em período posterior, o primeiro terminado pelo século X e pelo século XIII, o outro. Chegaram a ser conhecidos pela sociedade culta da Europa, na época em que a maçonaria especulativa começava a surgir à luz do dia (ou seja, pelo século XVII), através de várias obras latinas, sendo a principal delas, *"Kabbala Denudata"*, do Barão Knorr von Rosenroth, o *"Aedipus Aegiptiacus"* de Athanasius Kircher, *"De arte Cabalística"* de Reuchline, uma tradução latina do Yetzirah.

Como o H.A. E. Waite, nossa principal autoridade nesse campo registrou: *"A tradição escrita judia pressupõe, do princípio ao fim, uma tradição que não se transmitiu por escrito. O Zohar, por exemplo, que é o principal monumento, faz referência em todas as partes a um grande corpo de doutrina como se fosse algo perfeitamente bem conhecido pelo círculo de iniciação para o qual foi dedicada tal obra."*

O esquema desse corpo de doutrina chegou-nos no simbolismo da Maçonaria, ainda que por uma linha bem diferente; e na Cabala podemos encontrar um guia para muito da que está obscuro em nossos rituais modernos.

A Espiritualização do Templo

Dois conceitos místicos achados no Zohar relacionam-se diretamente com nosso tema: a espiritualização do templo do Rei Salomão e a doutrina da palavra perdida. Ambas têm suas raízes nos Mistérios egípcios, já estudadas.

O templo do Rei Salomão formava uma base física de uma vasta estrutura de especulação e de investigação místicas, pois se dizia que suas dimensões guardavam uma proporção com as do Universo e todos os objetos sagrados que continham suas interpretações macrocósmicas.

O Shekinah ou divina glória que irradiava o mais interno santuário, o Santo dos Santos, interpretava-se não somente como a Divina Presença que santificava o templo visível, mas como Deus imanente em Seu universo e morando no interior do coração do homem.

Mas, ainda a ideia dos judeus de que algum dia o templo deveria ser reconstruído está em si mesma espiritualizada e transformada e foi tomada como uma alegoria do sucesso da perfeição divina no homem e no universo.

Os judeus, cuja cultura era ricamente oriental, deleitavam-se em exuberantes e complexas alegorias, conceberam uma verdadeira cidade e templos, dos quais o Rei Salomão era somente o símbolo; templos e palácios, cada um relacionado com um diferente aspecto plano da Natureza e formando um intrincado sistema de reflexos e correspondências.

O protótipo de toda essa riqueza de simbolismo encontra-se nos Mistérios do Egito, nos que as proporções da grande pirâmide eram estudadas como emblemáticas das proporções do Universo e continham vasta reserva de conhecimento oculto e astronômico.

Os judeus aplicaram no templo do Rei Salomão o que sabiam do sistema egípcio, refletindo a sabedoria do Egito por meio do espelho do seu temperamento ardente e poético, de onde alguma porção passou à literatura escrita e exotérica e também foi transmitida nas Lojas secretas da Maçonaria.

A Perda Do Divino Nome

A segunda grande doutrina do cabalismo que nos interessa aqui é a perda do Divino Nome, ou melhor, do correto método de pronunciar esse nome.

Os judeus pensaram nesse nome como uma palavra de quatro letras, J.H.V.H., que eram geralmente lidas como Jeová.

A tradição refere-se a que Omnific (sic) Palavra, a qual, sendo o nome de Deus, comandava todas as forças da Natureza, era pronunciada pelo sumo sacerdote uma vez ao ano, o dia Yom Kippur, ou da purificação por meio do ritual sagrado, mas depois do exílio a verdadeira pronunciação perdeu-se.

As consoantes foram conservadas, mas os pontos para as vogais, essenciais para a correta articulação, foram esquecidos. (O presente sistema masorético de pontos para as vogais foi introduzido apenas no século X a.C.) isso foi entretecido numa formosa alegoria da descida à matéria e da queda do homem, pois submersos em água, como estamos em nosso atual período evolutivo, não podemos emitir a palavra nem conhecer a divina Natureza em sua plenitude, mas somente perceber a casca ou cobertura das coisas, representada pelas consoantes que ficaram. E nem ainda isso entendemos e, portanto, até para essa parte do Divino Nome é necessário um secreto substituto e é assim como na tradição, sempre que aparecia a palavra Yahveh durante a leitura da Lei era substituída pelo nome Adonai (que significa "*meu Senhor*").

A moderna palavra Jeová forma-se pelas consoantes JHVH, intercalando-se as vogais da palavra Adonai.

A tradição tem os olhos no futuro esperando que o tempo ou as circunstâncias restituam o método original de pronunciação, e, o homem retornará a Deus de quem ele proveio, já capaz de pronunciar a palavra em todo seu grande poder, para comandar as forças latentes em sua própria divindade.

Tudo isso foi entretecido pela doutrina das Lojas, a Palavra de Deus, explicada tão admiravelmente por Filon e conhecida de todos os cristãos a partir das palavras iniciais do Evangelho de São João, uma vez que toda a tradição da divina Palavra deriva-se dos Mistérios do Egito. O verdadeiro tetragrama não era o nome de Deus em hebraico, mas outra palavra muito mais antiga, que foi sempre conhecida pelos iniciados de grau superior.

Um desenvolvimento cristão desse simbolismo está na figura de uma joia usada por certo alto oficial no Rito Escocês. Sob o antigo pacto a palavra foi perdida e ainda quando foi restaurada pelo descobrimento de certa abóbada secreta, sua verdadeira pronúncia ficou sem ser conhecida; o término da pesquisa não se logrou, apesar de que já se vislumbrava.

O novo pacto agregou no centro uma letra a mais, a mística Shin (som sh) emblemática do fogo e do espírito e de tal modo a palavra Jeová converteu-se em Jeoshva, o Nome de Cristo. Tais coisas são uma alegoria já que somente encontrando o Cristo no coração é como se pode redescobrir a palavra perdida e tal achado por si mesmo traz o conhecimento do verdadeiro tetragrama; o segredo do eterno ser do homem, que desde o princípio foi escrito na cruz do sacrifício e sempre guardado oculto no coração do mundo em meio às coisas secretas de Deus.

Esse é o esboço relâmpago dos Mistérios Judeus, cuja tradição foi levada a Roma, de onde passou aos Colégios e deles às fraternidades da Idade Média, emergindo finalmente nos rituais especulativos dos graus da Humanidade, no século XVIII, no Santo Real Arco e o grau do Mestre Maçon Mark e nesses outros emblemas e cerimônias que foram incorporados a alguns dos graus subsidiários pertencentes em sua simbólica era ao antigo convento.

Os Mistérios Judeus são a fonte de nossa tradição, pois os três graus da irmandade são e sempre foram a base de todo o sistema de iniciação maçônica, posto que são o estuque das Relíquias dos Mistérios Menores e Maiores do Egito, únicos que podem ser chamados graus, em sua forma original.

Contudo, antes de passar ao nosso elo seguinte na cadeia maçônica da genealogia – de Roma e seus Colégios – fica bem anotarmos alguns dos outros grandes sistemas baseados nos Mistérios que alcançaram renome no mundo antigo.

Capítulo V

Os Mistérios Gregos

Os Mistérios de Elêusis

Agora chegamos aos Mistérios da Grécia dos quais os melhores conhecidos e mais importantes nos tempos clássicos foram os Elêusinos.

Parece haver um extenso engano, cuja origem nós podemos achar nos escritos dos Padres Cristãos. Tal engano consiste em que os Mistérios da antiguidade foram guardados em segredo, devido ao fato de estarem impregnados de impropriedades e que não suportariam a luz do dia. Nada mais longe da realidade que isso, e eu posso dar meu testemunho direto, por ter sido um dos iniciados dos Mistérios; na realidade não havia nada objetivado neles.

Os ensinamentos eram todos da mais elevada e pura qualidade e não podiam fazer outra coisa senão beneficiar todos aqueles que tinham o privilégio de ser iniciados neles.

Nos tempos clássicos e pós-clássicos muitos dos maiores homens deram testemunha da sua valia.

Algumas citações – entre milhares – bastariam para demonstrar-lhe: Sófocles, o grande poeta da tragédia, disse deles: triplamente felizes são aqueles mortais que depois da contemplação dos Mistérios descem aos domínios de Hades, porque aí apenas possuirão a vida verdadeira; para os demais não há outra coisa a não ser o sofrimento.

Platão disse pela boca de Sócrates, nessa grandiosa cena da morte em Fenelon: imagino comigo que esses homens que estabelecerem os Mistérios não estavam carentes de iluminação, mas que na realidade tinham um significado oculto quando disseram, há muito tempo, que quem quer que chegue sem iniciação nem santificação ao outro mundo ficará no lodo, mas quem chegue iniciado e purificado morará com os Deuses.

Cícero foi iniciado neles e os tinha com a maior reverência, enquanto que Proclo disse-nos: os santíssimos Ritos de Elêusis outorga aos iniciados o desfrute dos bons ofícios de Cara no momento de deixarem seus corpos.

É verdade que nos dias da decadência de Roma existiram cerimônias degeneradas conectadas com os Mistérios de Baco, que incluíam orgias de caráter bem desagradável, mas de modo algum estavam conectados com os Mistérios Eleusinos, originais, os quais, pela sua época haviam desvanecidos quase por completo, até ficarem numa posição de muito escassa importância.

O mundo moderno conhece pouco acerca dos Mistérios Gregos, porque suas atividades doutrinas foram mal guardadas em segredo. Além da forte pressão da opinião pública, que considerava a mais ligeira violação dos segredos tal qual um ato de terrível irreverência, ouvimos da pena de morte num caso de intrusão acidental dos não iniciados, no interior do recinto sagrado em Elêusis durante a celebração dos Mistérios. Portanto, muito pouco dos feitos diretos chegou-nos de fontes pagãs; a maior parte de nossas informações vêm dos autores cristãos: Hipólito, Clemente de Alexandria, Orígenes, Arnóbio e outros, ocupados em destruir tanto quanto lhes era possível a religião pagã e que, portanto, expressaram-se a respeito dos Mistérios pelo pior modo possível.

É conhecido algo das provas de tipo externo aplicadas aos candidatos e do ensino administrado através dos diversos mitos, porque quando a gente de fora pressionava em busca de informação e não era descartada, isso era tudo o que os oficiais revelavam.

A Origem Dos Mistérios Gregos

O fundador dos Mistérios Gregos foi Orfeu, que foi a encarnação do mesmo Mestre do Mundo que havia vindo ao Egito no ano de 40.000 a. C. como

Toth ou Hermes a pregar a doutrina da Luz Oculta. Mas agora o método da Sua mensagem era diferente, por ser dirigido a uma raça diferente.

Pelo ano 7.000 a. C., ele veio e viveu principalmente nas selvas, onde agrupou seus discípulos ao seu redor. Não houve rei que desse a ele as boas-vindas, nem corte faustosa que o aclamasse. Veio como cantante, vagando pelo país, amando a vida da Natureza, seus espaços iluminados pelo Sol e seus retiros da selva cheios de sombra, sentindo aversão pelas cidades e lugares frequentados pelas multidões.

Um grupo de discípulos formou-se ao Seu redor e ele lhes ensinou nos claros dos bosques silentes exceto pelos trinos das aves e os doces sussurros do bater da selva, que não pareciam interromper a quietude.

Ele ensinou por meio da canção, da música, música vocal e de instrumento, um instrumento de cinco cordas, provavelmente, a origem da lira de Apolo empregando uma escala pentatônica. Com esse acompanhamento Ele cantou e maravilhosa foi sua música, os anjos aproximaram-se a rir com as sutis tomadas. Por meio do som Ele obrou sobre o corpo astral e mental dos Seus discípulos, purificando-os e engrandecendo-os. Com o som desligou do físico os corpos sutis, deixando-os livres nos mundos superiores.

Sua música era completamente diferente à de sequências, repetia-se uma e outra vez, pelo que sempre se conseguia o mesmo resultado no grupo étnico raiz da raça, resultado que foi levado por esse grupo à Índia.

Aqui o trabalho por meio da melodia, não pela repetição de sons similares, e o despertar de cada centro etéreo tinha sua própria melodia, levando-o à atividade. Ele mostrou a seus discípulos imagens vivas, criadas por meio da música e nos Mistérios Gregos isso era forjado do mesmo modo, a tradição descendente Dele. Ele ensinou que o som era imanente em todas as coisas e que se um homem estava em harmonia consigo mesmo, então, a Divina Harmonia se manifestaria através dele, comunicando regozijo a toda a Natureza. Assim atravessou a Hélade cantando e escolhendo daqui e dali, alguém que O seguisse e também cantando para o povo de modo diferente, entretecendo sobre a Grécia uma rede de música, que tornaria formosos os filhos dela e alimentaria o gênio artístico de sua terra.

Essa maravilhosa tradição dos Mistérios de Orfeu foi transmitida por milhares de anos até que, nos tempos clássicos, encontramos as Escolas Órficas, das quais a Pitagórica foi um esplêndido produto e também os Mistérios de Elêusis, o mais grandioso de todos os Mistérios gregos que conservaram muito do ensinamento ancestral em forma de cerimônias.

Uma relíquia da tradição de Orfeu radica no fato de que o hierofante dos Mistérios Eleusinos era sempre escolhido dentre a família sagrada de Eumólpidas, rodeado de fábula Eumolpo, cujo nome significa o doce cantante; e uma das mais importantes qualidades para o posto era a posse de uma bela e ressonante voz com a qual pudessem ser corretamente entoados os cantos sagrados.

Os deuses da Grécia

A ideia grega de veneração era muito diferente das nossas concepções modernas.

Não se deve supor que qualquer grego culto cresse na mitologia da sua religião como algo que tivesse de ser tomado à letra.

Algumas pessoas, às vezes, se perguntam como era possível que grandes nações como a Grécia ou Roma permanecessem satisfeitas com o que continuamente chamamos sua religião, um caos de mitos carentes de bom gosto e muitos deles até de decência, descrevendo deuses e deusas que eram claramente humanos em seus atos e paixões, sustentando constantes querelas entre si.

A verdade é que ninguém estava satisfeito com ela, e nunca foi o que entendemos por religião, ainda que não haja dúvida de que foi tomada literalmente por gente ignorante.

Toda gente culta e pensadora estudou os sistemas de filosofia e em muitos casos era também iniciada da Escola dos Mistérios. Era esse elevado ensinamento o que realmente modelava sua vida e tomava para ela o lugar do que chamamos religião, a menos que fosse francamente agnóstica, como são muitas pessoas cultas hoje.

Não obstante, alguns desses fantásticos mitos eram explicados nos Mistérios e se via que eram o véu de um ensinamento oculto relacionado com a vida da alma.

E muitos dos deuses da Grécia eram personagens reais, que cumpriam com seu prometido nas vidas da gente, para quem eram canais da bênção divina.

O aspecto fundamental da religião externa da Grécia era o culto ao belo.

Sabia-se na Grécia que toda verdadeira obra de arte irradiava uma atmosfera de alegria e beleza, portanto, os gregos rodeavam-se de qualquer tipo de objetos belos e outros tantos faziam com seu culto.

Sabiam que os deuses manifestavam-se através da beleza, que eram aspectos e canais para a Beleza Una e deste modo, percorriam ao seu redor eflúvios da influência divina e assim derramava bênçãos sobre o mundo.

Os deuses da Grécia não eram os mesmos que se reverenciavam no Egito; representavam aspecto de algo diferente do Deus Eterno, em forma adequada ao desenvolvimento da sub-raça céltica, que era um povo essencialmente artístico, como o egípcio havia sido científico.

Como é conhecido pelos estudantes do lado oculto da religião, cada sub-raça tem sua própria representação da verdade, suas próprias formas divinas, por meio das quais se oferece veneração ao Supremo e o tipo de religião é formulado pelo próprio Mestre do mundo de acordo com o desenvolvimento do mundo e o desenvolvimento e cultura que há de ser as características distintas dessa raça e sua contribuição ao plano para a evolução do mundo.

Na Grécia como no Egito havia uma multidão dessas formas divinas, algumas delas representadas e dotadas de almas por grandes Anjos que podem ser coparados até certo ponto com os adoradores nas terras cristãs: S. Gabriel, S. Rafael e outros.

Os deuses da Grécia não eram menos reais do que esses grandes deuses, ainda que pertencessem a um tipo inteiramente diferente, assemelhando-se aos Anjos que presidem os vários países melhor do que a dos Chefes das nove ordens de hostes Angélicas.

Palas Atenas, a deusa da sabedoria de olhos cinza era um magnífico e esplêndido Ser que praticamente governou Atenas por meio de seus devotos. Sua influência era grandemente estimulante, mas ela não concretizava a compaixão nem o amor na alta medida em que o faz a Bendita Virgem Maria, senão bem, da eficiência e dessa perfeita exatidão de forma que é a essência de tudo o que é arte.

Muito da maravilhosa arte da Grécia foi inspirada diretamente por ela e para satisfazê-la tinha de ser o mais elevado, o mais verdadeiro e o mais exato.

Ela não podia tolerar uma simples linha fora de lugar nem no menor objeto. Havia algo de aço polido em Atenas; era fria e cortante como uma espada de fio duplo, tremendamente poderosa, conservando para gente no mais elevado, no mais nobre, no mais puro, no mais belo e não obstante, não tanto por um amor abstrato à beleza, senão porque teria sido uma desgraça para ela ser algo menos do que bela. Praticamente não havia emoção conectada com Palas Atenas. Temos uma apreciação intelectual de sua grandeza, intensa devoção que se desenvolve em linhas mentais, um esplêndido entusiasmo para segui-la; mas não nos aventuraríamos em nada parecido à afeição pessoal. Manteve Atenas em perfeita ordem, dirigindo-a, governando-a, animando seu povo com sua maravilhosa inspiração, vigiou o desenvolvimento da sua cidade com o maior interesse, determinou que haveria de sobrepujar Esparta e Corinto e demais cidades da Grécia.

Hera foi uma personagem real também, mas diferente de Palas Atenas. Ela era uma das muitas encarnações ou formas do aspecto feminino do Primeiro Raio e pensou-se que era a Rainha do Céu. Corresponde com muita aproximação à deusa hindu, Parvati, a shakti ou poder de Shiva, imaginada como sua Esposa, como Hera foi de Zéus.

Dionísio foi o Logos mesmo, igual Osíris foi no Egito, ainda que num diferente aspecto, mas a lenda da Sua morte e ressurreição correspondia estreitamente com a de Osíris e foi ensinada com a mesma significação nos Mistérios da Grécia.

Febo Apolo, o deus do Sol e da música, cujo símbolo foi a lira, parece ter sido originalmente Orfeu, assim que ao venerá-lo os gregos, na realidade, ofereciam seu amor ao grande Instrutor do Mundo. Deméter e sua filha Perséfone ou Core eram especialmente reverenciadas no Elêusis. Essas duas deidades eram personificadas das grandes forças da Natureza, a primeira o era da protetora maternidade da terra e a segunda da vida criadora que faz com que a terra floresça e prospere em grãos, flores e frutos e que logo regresse ao período de descanso, à chegada do Inverno; hibernação ou vida oculta, latente, somente para brotar de novo como se se tratasse de nova encarnação sob a influência da Primavera.

Deméter parecia equivaler a Uma, A Grande Mãe, ainda venerada na Índia.

Afrodite, a deusa do amor – imortal Afrodite, a do trono bordado como Salo a chama – representava o aspecto feminino da Deidade como a divina compaixão; foi chamada *nascida da espuma* porque misticamente supunha-se que tenha surgido das águas do oceano. Swinburna descreve-a em belas linhas: *"seu abundante pelo fortemente impregnado do aroma das flores Rosa ebúrnea da água branca rosada, um esplendor prateado, uma chama quem, à hora do seu nascimento místico, ruborizada emergiu da onda, toda rubor e imperial pousou sua pele sobre o mar e as maravilhosas águas a conheceram, os ventos e as sendas invisíveis e as rosas trocaram-se mais rosadas e mais azuis da corrente azul marinho das baias."*

Esse formoso simbolismo do seu nome refere-se ao aspecto formal da Deidade, à raiz da matéria chamada o *profundo mar* ou o *"mar virgem"* que está impregnado de vida e beleza divinas e desse modo dá nascimento às mais belas das formas.

O título *nascida da espuma* é particularmente adequado, se consideramos que todas as formas são construídas de agregados de borbulhas sopradas, no *"profundo mar"*, o éter do espaço. Tudo isso era explicado aos iniciados dos Mistérios.

A mesma ideia mística acha-se no título de Nossa Senhora Maria, Mar-ia, *Estrela do Mar*, se bem que neste caso ela é a corporização de uma manifestação mais plena do amor divino na perfeição da eterna maternidade e em sua pessoa convergem muitos aspectos da Deidade que estavam divididos na Grécia.

Havia, entretanto, duas facetas do culto de Afrodite: a mais elevada sintetizava-se em Afrodite Urânia, a Afrodite do céu, que era a *Mãe do Amor Belo*; mas havia um aspecto inferior da sua veneração como Afrodite Pandemos, o amor comum, terreno, que conduz a muito desejo mau e baixo, indigno de ser chamado amor e esse aspecto era o mais proeminente nos dias em que a antiga religião havia perdido seu valor e entrado em corrupção. Afrodite corresponde aproximadamente a Lakshmi na Índia.

Os deuses estavam conectados com os Mistérios e trabalhavam com e através dos seus fiéis crentes, mas, até nos Mistérios havia menos devoção e mais apreciação intelectual do que nas religiões atuais.

Ao estudar diferentes ramos dos Mistérios tais quais são trabalhados em diferentes países, nós não podemos nos subtrair de algumas analogias – não podemos ter a esperança de fazermos comparações exatas, e a dificuldade aumenta quando tratamos de comparar a fé antiga com a moderna – toda a sua perspectiva era muito diferente da nossa.

Os Oficiais

O controle dos Mistérios em tempos clássicos fica em mãos de duas famílias: os Eumolpidas e os Keryces ou arautos, que estavam conectados com a adoração de Apolo Pitio em Delfos.

A maioria dos oficias era escolhida entre essas duas famílias, ainda que também houvesse representantes civis do estado ateniense que eram os responsáveis do cerimonial público dos Mistérios assim também do controle das finanças.

O oficial chefe era o hierofante, eleito por sorteio para toda a vida, dentre dos Eumolpidas. Somente ele tinha o cargo de guardião dos Consagrados (Hera), ou seja, os tesouros sagrados que foram tão cuidadosamente conservados em Elêusis e que tiveram tão importante papel na magia cerimonial dos Mistérios.

Invariavelmente, era um homem de idade avançada e de posição distinta. E em suas mãos depositava-se o supremo controle do cerimonial secreto. Quem o seguia em ordem era o Dadoukós, o portador do duplo archote, escolhido em vida entre a família dos Kerices. Ambos oficiais tinham casa dentro do sagrado recinto, em Elêusis, a que apenas os iniciados podiam ter acesso. Entretanto, enquanto o hierofante permanecia em quase completa reclusão, em Daudokós apenas tomava parte proeminente nos assuntos públicos. Um terceiro oficial era o Rieroceryx ou arauto sagrado, que também era eleito em vida dentre a família dos Keryces; um dos seus deveres era fazer a solene proclamação aos Mystae, antes da sua iniciação nos Mistérios Maiores para conservar silêncio acerca dos assuntos sagrados.

Um quarto oficial era o Presbítero de Altar, também selecionado dentre os Kerices, que nos últimos tempos foi responsável pelos sacrifícios. Nos dias grandes dos Mistérios nunca se ofereceram sacrifícios animais, mas, como em todo sistema religioso, houve uma época em que a tradição havia chegado a formalizar-se e muito do conhecimento interno havia sido retirado. Foi então, quando certos ensinamentos acerca do significado do sacrifício e seu lugar na vida espiritual foram desfigurados e materializados na cruel superstição de que era necessário sacrificar animais à Deidade.

Havia também duas mulheres hierofantes, dedicadas às duas deusas que precediam os Mistérios, Deméter e Cara e além delas havia a sacerdotisa de Deméter, quem parece ter estado muito proximamente conectada com outros cultos e ritos da deusa aos quais a admissão era unicamente feminina. (Thesmofia, Haloa), assim também com os Mistérios de Elêusis, um número de oficiais menores também participava do cerimonial.

Exatamente como ocorria no Egito, as mulheres eram admitidas nos Mistérios em igualdade de condições que os homens e não se fazia distinção de sexo exceto para os assuntos de administração de postos.

A instrução dos candidatos era colocada em mãos dos Mistagogos, que ensinavam sob a supervisão do hierofante e preparavam os iniciados para a celebração dos Mistérios, comunicando certas fórmulas que seriam requeridas no curso do cerimonial. Uma ordem enclaustrada de sacerdotisas vivia no retiro em Elêusis, com votos de celibato e dedicadas à vida elevada.

Parece provável que essas sejam as *"abelhas"* a que se refere Porfírio e vários gramáticos.

Fim

Sobre o autor

Charles Webster Leadbeater, grau 33, nasceu em 1854, em Stockport, Cheshire, Inglaterra. Seu pai morreu de tuberculose em 1862, quando Charles tinha apenas 08 anos, pelo que teve de começar a trabalhar, após ser graduado pela escola secundária.

Autodidata, estudou astronomia e francês, latim e grego. Posteriormente, um tio seu, político e destacado clérigo anglicano, William Wolfe Capes, influenciou-o decisivamente e ele, por sua vez, foi ordenado sacerdote anglicano em 1879, exercendo o ofício de Cura em Bramshott.

Na função de ministro foi uma pessoa ativa, um mestre e líder da juventude, inculcando-lhe os princípios de lealdade, temperança e compaixão pelos animais, além dos princípios da moralidade cristã.

Após a leitura de um artigo no "Daily Telegraph", desenvolveu interesse ativo pelo espiritismo. Depois da morte de sua mãe, em 1882, ingressou para Sociedade Teosófica. No ano seguinte conheceu Helena Petrovna Blavatsky, em sua viagem por Londres, o que o fez abandonar sua igreja, converter-se em vegetariano e cortar todos os seus vínculos com a Inglaterra. Partiu para a Índia, seguindo Helena Petrovna, chegando a Adyar em 1884, onde começou sua longa carreira dentro da Sociedade Teosófica. Em 1885, Leadbeater viajou com Henri Steel Ocott, o primeiro presidente da Sociedade Teosófica, para a Birmânia e o Ceilão (atual Sri Lanka), onde fundaram a Academia Budista Inglesa, que hoje conta com mais de 6.000 estudantes.

Em 1889, de volta a Londres, centro de atividade intelectual da época e centro do Império Britânico, converteu-se num dos mais conhecidos oradores durante vários anos, além de ser o secretário da Loja de Londres.

Em 1915 Leadbeater foi morar em Sidney, Austrália, onde reatou seu contato com a maçonaria, e, pela mão de J. Wedgwood passou a dirigir, na função de Bispo, a Igreja Católica Liberal. Morreu em Perth, no oeste da Austrália, em 10 de março de 1934, semanas antes de completar 80 anos, após ter escrito e publicado mais de 33 livros.

Dicas de Leitura

Da Fórmula dos Deuses Mortos

Pablo Guedes

ARSENIUM
O SIMBOLISMO MAÇÔNICO
KABBALA, GNOSE E FILOSOFIA

M∴I∴ Helvécio de Resende Urbano Júnior 33º
G∴I∴G∴ do Sup∴ Cons∴ do Gr∴ 33 do R∴E∴A∴A∴
Ali A'l Khan S∴I∴

M∴I∴ Helvécio de Resende Urbano Júnior 33º
G∴I∴G∴ do Sup∴ Cons∴ do Gr∴ 33 do R∴E∴A∴A∴
Ali A'l Khan S∴I∴

SECRETUM
MANUAL PRÁTICO DE KABBALA TEÚRGICA

Kabbala & Teurgia

Clavis Secretorum
Religião e Filosofia Oculta